JEUNESSE FASCISTE

Blandine OLLIVIER

JEUNESSE FASCISTE

Reconquista Press

Jeunesse fasciste
Initialement paru aux Éditions Gallimard en 1934

© 2021 Reconquista Press
www.reconquistapress.com
ISBN : 978-1-912853-25-0

« Giovinezza, giovinezza,
Primavera di bellezza,
Per la vita, nell'asprezza
Il tuo canto squilla e va ! »

« Jeunesse, jeunesse,
Printemps de beauté,
Dans la vie âpre
Ton chant résonne et s'en va ! »

PRÉSENTATION

En guise d'avant-propos, nous reproduisons ci-après une présentation de l'ouvrage publiée dans La Nouvelle Revue française *en mai 1934.*

Voici un livre qui vient à son heure ; une femme française a tracé le plus vivant, le plus lumineux tableau de l'enfance et de la jeunesse, espérance de l'Italie fasciste. Un immense effort a été fait par le nouveau régime pour rendre plus beau l'avenir de la race rénovée. On a organisé autour des futures mères, considérées comme remplissant une fonction sacrée, tout un système de défense.

On a multiplié autour des nouveau-nés les soins attentifs. La cité veille sur cette jeune moisson. Les méthodes les plus perfectionnées de l'éducation sont appliquées avec un souci extrême de faire croître l'enfant dans son propre sens. Le régime d'autorité fléchit pour les petits sa règle de fer, ne veut plus forcer ni contraindre ces jeunes âmes. Ceux qui étaient malingres sont fortifiés, ceux qui étaient nés inquiétants sont redressés, l'enfance coupable est guidée sans rudesse sur la voie du relèvement. Les raffinements d'une hygiène parfaite règnent dans les écoles ensoleillées : toute l'éducation est tournée vers la spontanéité, la lumière, la vigueur et la joie. Les notions les plus modernes, les plus propres à fabriquer des hommes, s'y insèrent sans effort, à côté de la discipline militaire et sportive, chez Balillas et Avantguardistes. Jeunes gens et jeunes filles abordent la vie fasciste dans un désir passionné — trop passionné peut-être — de « servir ».

Madame Blandine Ollivier a inlassablement visité écoles, stages, dispensaires ; chacune de ses promenades est peinte avec une fraîcheur alerte, où chaque lecteur retrouve au naturel les tableaux qu'elle décrit. La publication de *Jeunesse fasciste* a été signalée par le *Popolo d'Italia* dans un de ses articles en italiques, reproduits dans toute la presse de la Péninsule, dont toute l'Italie connaît le style et à la griffe reconnaît l'auteur. Cette « *segnalazione* » s'exprimait ainsi : « *Blandine Ollivier femme de lettres française qui connaît fort bien la langue italienne et l'Italie a enrichi la littérature politique française contemporaine d'un volume consacré à la "jeunesse fasciste". C'est un livre complet et qui épuise le sujet.*

Tout ce que la Révolution fasciste a accompli y est exposé avec un diligent souci de documentation. Œuvre grandiose qui va des lois protectrices de la maternité et de l'enfance aux institutions de rééducation physique et morale, des puissantes organisations juvéniles du Régime aux académies d'éducation physique de Rome et d'Orvieto, des jeux gymniques aux luttes sportives, à la préparation militaire sur la terre, dans l'air et sur l'eau.

Madame Blandine Ollivier analyse, décrit, raconte, interprète, avec des sentiments d'admiration et de sympathie que l'on ne peut considérer comme diminués par certaines réserves exprimées par l'auteur sur le caractère et la "tonalité" de l'éducation fasciste des jeunes. Mais ces réserves mêmes accroissent la valeur du livre en lui enlevant tout dessein d'apologie ou de propagande.

Que les Français pris en masse connaissent peu ou mal l'Italie — rien de plus vrai. Il n'est pas moins certain que parmi eux les "italianisants" les plus ardents en sont trop souvent restés à la connaissance d'une Italie de littérature, de pittoresque et d'archéologie, qui dans notre propre souvenir s'estompe déjà dans le lointain.

Faire connaître dans ses institutions, dans ses forces, dans son esprit et son idéal, l'Italie fasciste nouvelle est une œuvre en tous points féconde, même sur le terrain plus spécialement politique.

Tant en France que dans le reste du monde, le livre de Blandine Ollivier mérite que les lecteurs lui viennent en masses serrées. »

CHAPITRE I

ROME — LE CHEF

« Je ne suis rien ; je m'efface devant mon œuvre ; allez et regardez. »

La voix sourde, grave, résonne dans la solitude et le silence. Les paroles sont concises. — *Imperatoria brevitas.* Je sors de la salle immense ; la vision s'éloigne. Déjà je ne vois presque plus dans le cercle de lumière que trace la lampe posée sur la lourde table cette rude figure d'ouvrier obstiné dont on comprend dès l'abord qu'il prétendra conformer l'univers à sa volonté et non pas plier sa volonté à l'univers. La beauté sévère du regard chargé de force et de tristesse, les yeux étrangement ronds, la bouche âpre, la mâchoire brutale, la matérialité méditative du front, le masque tourmenté au sourire apaisé s'enfoncent dans l'ombre. Il y a, dans l'atmosphère, de l'âpreté, de la violence : c'est ici le lieu d'un terrible effort ; l'être le plus vainqueur du monde y réside. Sous les voûtes impérieuses de ce palais, construit par un pape au pied du Capitole avec les pierres du Colisée, un homme sculpte une race, la hausse jusqu'à la plus intense exaltation et met dans son présent, dans sa réalité, toutes les possibilités qui sourdent en elle depuis le commencement des siècles.

Je traverse des salles longues et muettes, tendues de tapisseries, de toiles, pavées de mosaïques romaines. Contre les murs fendus de fenêtres étroites comme des meurtrières, des orfèvreries de parade, des épées nues scintillent dans des vitrines. Gardes et valets silencieux, raidis, saluent à la romaine.

Je descends l'escalier sonore et froid ; la grille de fer se referme derrière moi. Me voici revenue sur le seuil de ce palais lourd de reliques et de drames. J'aborde la place de Venise, centre nerveux de Rome.

La République, l'Empire, l'Église et le Royaume mêlent ici leurs architectures : les voies fascistes de l'Empire et de la Mer jaillissent au pied du monument constitutionnel et royal de Victor-Emmanuel — trop visible et trop blanc, dans sa peau toujours neuve. Le soir met sur la ville bruissante une immense teinte de violet et d'or ; les lampes à arc, théâtrales, violentes s'allument ; les cloches catholiques sonnent l'*Ave Maria*. Une rumeur de peuple en marche m'environne : les gens vont, précis, allègres, sous-alimentés, survitalisés, vers un but qu'ils semblent connaître ; ils ont l'air d'obéir à une consigne. Un vacarme voulu d'autobus vernissés et verts, projetés comme des bolides, emplit carrefours et rues. Des agents vêtus de toile blanche règlent par les flexions et les inflexions de bras de chefs d'un orchestre invisible une circulation inutilement accélérée. Les klaxons stridents des motos, des automobiles aux échappements détonants et libres déchirent l'air nocturne couleur d'encre à stylo. Les touristes, les pèlerins, migrateurs disciplinés et pieux, les séminaristes internationaux se mêlent à une foule aimable, gaie de la gaieté de son ciel, heureuse de ses bonheurs bon marché. Dans l'atmosphère à l'ail et à l'essence de ces rues étroites, enchevêtrées, aux femmes enceintes, aux enfants en uniforme — mais sans mendiants et sans mouches — il y a de la sympathie, de la gentillesse. Ces gens demeurent faciles, débonnaires, sans humiliation dans leur pauvreté, sans amertume dans leur misère endémique et colorée.

« Il y a, disait Volpi, dans certaines heures de crise, une pauvreté plus orgueilleuse que la richesse. »

Les Romains d'aujourd'hui ont l'allure voyageuse et légère : sur leurs faces, pas de crispations comme sur les visages des foules de Londres et de Paris ; les traits sont détendus, sereins avec quelque chose d'avide et de jeune. Je croise une troupe d'Avantguardistes : ils marchent trois par trois, musique en tête ; l'allure a de l'aplomb, de l'entrain ; dans les yeux restés libres il y a un éclat vif, direct, dans les mouvements asservis de l'assurance et de l'aisance. Cette jeunesse est drue, saine, dynamique. Chemisettes blanches, jupes courtes et noires, cheveux noirs et courts, élancées sous le béret sombre bien campé sur l'oreille, des « Petites Italiennes » défilent au pas cadencé ; leur jeune cortège se déroule avec grâce comme une frise antique. Un chant éclate : *Giovinezza.* De beaux enfants passent, bien présentés, bien équipés. Armés et graves, ces petits soldats de plomb, jouets de tout un peuple exalté et sensible, apprennent le bonheur de marcher en cadence et les plaisirs de la fausse guerre.

Je regarde s'éloigner sur la voie de l'Empire cette parade enfantine : elle se perd dans le fourmillement fécond qui encombre la voie fasciste et romaine ; elle se confond dans l'horizon solide, sans brumes, sans vapeurs et sans rêves. Ces enfants, ce ciel sont beaux matériellement, crûment, brutalement.

J'arrive à mon tour sur la voie de l'Empire. Vaste, ordonnée, magnifique, la Rome antique m'apparaît. La ville des empereurs, débroussaillée, nettoyée des superstructures et des débris des siècles qui l'enserraient et l'étouffaient, apparaît dans l'isolement nécessaire.

Elle redevient un ensemble monumental et vivant : la colonne Trajan est sortie de sa fosse, le théâtre de Marcellus est débarrassé de la croûte de masures puantes, sordides et bariolées qui le recouvrait ; les regards montent à présent vers lui. Le temple de Mars Ultor, le temple d'Auguste ressuscitent. Un arc jadis enfermé dans une carapace rugueuse de maisons jaillit et fend le mur qui limitait Suburre ; l'immense système de chaussées, de thermes, de bibliothèques et de marchés, jadis invisibles sous les terres et les bâtisses, revoit le ciel latin.

Des équipes de terrassiers qui ailleurs seraient des chômeurs arrachent à la terre aux odeurs de sang et de gloire des forums inconnus. Au bord de l'un d'eux, une statue de bronze se dresse, rongée d'un vert-de-gris artificiel ; sur le socle je lis l'inscription nouvellement gravée : « À Jules César — dictateur perpétuel. »

Le forum républicain est à quelques pas ; tout y est ce soir solitude et silence. Un dernier autocar sang-de-bœuf l'a vidé d'un cortège de chômeurs anglais couleur de crise et de fumée : un de ces innombrables pèlerinages fripés que draine vers l'Italie l'attrait combiné de l'Année sainte[1] et des réductions ferroviaires massives — car le premier bénéfice des traités du Latran se réalise sur le plan touristique.

Je descends sur le Forum ; fleurs et plantes se mêlent aux ruines, la maison des Vestales est à demi cachée dans les lauriers-roses. Une source vive jaillit parmi l'éternelle maçonnerie ; les cyprès romantiques du Palatin dessinent leur géométrie mystique sur le ciel rose cuivré ; l'odeur sucrée, trouble des jasmins et des tubéreuses flotte dans l'air léger. Les cloches sonnent : l'harmonie chrétienne entre dans le décor païen, l'antithèse se résout en accord dans cette Rome où le Christ lui-même devient romain : *Quella Roma onde Cristo è romano* (Dante).

L'immense paysage désertique des forums impériaux est couvert de douceur et d'ombre ; quelques amis m'y rejoignent. Nous errons dans ce champ palatin où est enterrée la grandeur antique ; un jeune philosophe sicilien nous y sert de guide. Nous marchons sur les pierres mortes ; les solides colonnes romaines resplendissent encore de gloire terrestre. Le tragique du soir descend sur elles ; le crissement obsédant des cigales se mêle à la voix chantante des fontaines et des oiseaux.

Notre guide, exalté, commente avec passion la résurrection de Rome :

« C'est au Duce que revient le mérite d'avoir restitué à notre peuple le sens de sa mission, *il senso di Roma*. Il a rattaché le fascisme au souvenir de l'Empire romain et nous avons sans cesse devant les yeux cette grande histoire. Tous ces travaux que vous voyez nous sont un motif d'exaltation et chacun de nous a la fierté d'être un créateur. À côté de ce labeur de revendication

---

[1] 1933 (décrétée par Pie XI pour célébrer le 19e centenaire de la résurrection du Christ). [NDÉ]

du passé, un programme d'urbanisme prévoit des quartiers, des jardins, des écoles, des musées, des routes ; stades et palestres s'épanouissent ; maisons ouvrières salubres et nettes, ministères de verre et de nickel, hôpitaux, maisons de l'enfance, du travail et du repos sortent de terre dans un ordre heureux... Lisse, sans boursouflures et sans redondances, l'architecture fasciste naît schématique, homogène, miroir exact de notre temps. »

La voix chaude poursuit son commentaire et y allie l'éloquence des chiffres. En même temps que les antiquités et les œuvres d'art restaurées dans toute l'Italie ; en même temps que la croissance d'une Ostie nouvelle, qui n'est plus, par le jet rectiligne d'une autostrade, que le faubourg marin de Rome ; en même temps que l'avènement d'une marine marchande qui s'égale aux plus modernes ; en même temps que la création d'une aviation qui promène à travers mers et continents les ailes italiennes triomphantes, mon guide évoque les travaux graves et primordiaux de la terre :

« Dans les seuls Marais pontins, 25.000 hectares ont été assainis, 140 kilomètres de routes ou de voies ferrées tracés, 11 villages édifiés que couronne la ville neuve de Littoria, sortie des rêves d'un architecte des temps futurs. On projette d'y rendre encore des milliers d'hectares à la culture, d'y allonger de centaines de kilomètres le long ruban des routes. Dans la bataille du blé, la victoire s'affirme sur un gain à l'hectare de 10 quintaux à 12 quintaux 1/2. Toute l'Italie n'est qu'un pareil chantier agricole, industriel, ferroviaire et routier ; l'émigration se meurt d'elle-même par la renaissance de l'attrait du sol.

« Du côté social, la réorganisation du système corporatif et syndical nous permet d'aborder plus facilement ces temps troublés. Grèves et lock-outs sont interdits. Une magistrature du travail règle les conflits entre ouvriers et patrons, assure par le contrat collectif l'égalité entre employeurs et employés. La Corporation sert d'agent de liaison et de contrôle. Aux heures de loisir, l'Œuvre du "*Dopolavoro*" procure aux ouvriers, dans ses cercles et sur ses terrains, un ensemble de distractions saines, tout en poursuivant leur développement intellectuel, physique et moral.

15

« L'État fasciste voit dans l'entretien spirituel et corporel de la race, ce vivier où il pêche soldats et contribuables, la solution des problèmes intérieurs et extérieurs. Il standardise la maternité et fabrique en grande série une jeunesse optimiste et musclée, orientée vers le travail, la moralité et les sports. Pour un pays nouveau, il crée un homme nouveau... "L'homme du fascisme, a dit Mussolini, obéit à une loi morale qui unit les êtres et les générations dans une tradition et dans une mission qui supprime l'instinct d'une vie limitée au cercle étroit du plaisir pour instaurer dans le devoir une vie supérieure libérée des limites du temps et de l'espace, une vie où l'individu, par l'abnégation de soi-même, par le sacrifice de ses intérêts particuliers, par la mort même, réalise cette existence toute spirituelle qui lui donne sa valeur d'homme. La Vie, par conséquent, telle que la conçoit le fasciste, est grave, austère, religieuse ; elle est vécue tout entière dans un monde supporté par les forces morales. Le fasciste méprise la vie commode." »

« Nous avons acquis un sens collectif et dynamique de notre destin, un souci lucide du devoir social et patriotique, une vraie mystique de la race. Dans la fièvre de nos sensibilités, de nos passions, de notre civisme, nous avons transfiguré le visage de la Patrie ; nous avons édifié le cadre de la nouvelle Italie.

« Les tièdes, les sceptiques sont mis au rancart. Le Chef aime la jeunesse, "ce mal divin dont on guérit un peu chaque jour". Il gouverne vers l'avenir. Il nous donne des solutions, le contentement du cœur et celui de l'esprit. Il nous parle d'héroïsme, il rétablit la hiérarchie des valeurs spirituelles et morales. Il renie le matérialisme ; la troisième Rome est une création héroïque de l'esprit. »

J'écoute les paroles enfiévrées, mystiques ; la foi de cet homme me saisit. On lui a trouvé sa vérité et cela lui suffit. Il ne parade pas devant nous, il parle simplement, sans emphase ; les Italiens d'aujourd'hui apprennent à renoncer aux beaux gestes oratoires ; les solides vertus romaines ressuscitent en faisceau.

Les cloches bourdonnantes se sont tues, le couvre-feu latin est sonné. La basilique de Constantin, les forums, les chaussées immémoriales, toute cette tenace maçonnerie s'endort dans un linceul de verdures sévères, parmi les cigales et les oiseaux. L'éclat voltaïque des batteries de projecteurs qui, surgis des toits, ajoutent aux nuits romaines l'atmosphère d'un studio de cinéma, baigne les pierres mortes d'une lumière irréelle et glaciaire. Une lune en or blanc monte dans la douceur étoilée. Les fenêtres étroites du Capitole sont allumées, la colline légendaire irradie des étincelles ; l'autostrade d'Ostie, trajectoire lumineuse, raye l'horizon.

Je prends congé de mon guide. Il me propose de me conduire bientôt parmi les enfants : le fascisme est un problème d'éducation ; la solidité du Régime dépend des hommes de demain. « Vous verrez dans le plus beau décor du monde la grâce heureuse de l'enfance romaine. »

Nous rentrons. Sur la place de Venise, la masse épaisse, volontaire et grave du palais pèse lourd sur le pavé romain. Aux portes, immobiles, monochromes, frigorifiés, deux fascistes en uniforme.

Je lève en passant les yeux sur la façade orgueilleuse ; les fenêtres sont des trous sombres, hormis une seule ; derrière celle-là, la lampe du Chef brille et veille.

CHAPITRE II

MATERNITÉ ET ENFANCE

Nous traversons des ruelles populaires épaisses comme un minestrone, encombrées d'une foule matinale d'ouvriers, de marchands ambulants, de terrassiers et de clochards. Un système de maisons ouvrières se dresse, lourd et triste : c'est la « Garbatella », quartier mal famé de Rome. On a construit ici une cité refuge pour les chômeurs, les sans-abri et les besogneux. Des cantines, des asiles diurnes et nocturnes de la pauvreté, de l'enfance et de la maternité y forment un des grands centres d'assistance de l'Œuvre « *Maternità e Infanzia* », outil forgé par Mussolini pour la défense de la race en 1925.

M. C..., technicien de l'institution, me promène ce matin dans les rues couleur de misère. Nous entrons dans une triste cour asphaltée ; nous voici sur le seuil de la porte du bâtiment principal. Toute une plèbe en loques rapiécées coule à pleins bords dans les ruelles et les passages de cette cité sordide.

On a tenté ici une expérience, me dit M. C... : « Le gouvernement avait eu l'idée d'auberges populaires à prix de crise, avec une organisation de cuisine collective, pour loger et nourrir les sans-abri de la zone. Mais l'entreprise a échoué ; il a fallu en revenir aux logements et aux cuisines individuels !...

« Par contre, nous avons décrété la propreté et l'hygiène, et nous y tenons la main... »

Je m'en aperçois ; une odeur terrible de désinfectant me prend à la gorge. J'essaie de ne pas tousser.

Nous suivons un long couloir ; des portes s'y alignent de bout en bout ; la première conduit à la maternité.

Des salles en ripolin bleu, couleur de ciel, de néant et de paradis ; de larges fenêtres ; des lignes nettes, cristallisées, dans une géométrie hygiénique et brillante : au sortir d'un décor de Cour des Miracles, c'est un tendre asile de paix. L'atmosphère est chimiquement pure. Dans les blancheurs des linges reposent les corps exténués des mères. Devant la Madone en céramique qui sourit dans son encadrement d'anges, une petite lampe à huile brûle comme une âme. Une odeur de mystère, de création et de lait remplit l'humble salle.

Dans la pièce voisine s'étend l'alignement clair des berceaux. Des petits paquets de chair rougeaude, morceaux d'êtres mal dégrossis, s'éveillent en série à la vie collective. Ils sont pesés, mensurés, aseptisés et nourris comme des pur-sang dans un haras. Un grand contentement animal règne sur ces parcelles de vie.

Un peuple blanc d'infirmières et de médecins s'agite avec une activité intelligente ; il faut gagner la bataille de la natalité, l'usine démographique fonctionne à plein.

Une des infirmières tient dans ses bras un bébé costaud et charnu ; c'est l'enfant d'une fille-mère. Comme elle ne peut l'allaiter, on va l'envoyer en nourrice dans les Marches. « Y sera-t-il bien traité ? — Mieux que les autres, me répond-on ; ne savez-vous pas que nos paysans appellent les enfants de père inconnu les fils de la Madone ? »

Une troisième salle : c'est le « nid » — et c'est l'heure du repas. Autour de petites tables basses, une trentaine de bébés sont assis. Une infirmière apporte des pâtes dans un plat d'étain ; ce parfum chaud éveille la faim. Les petits convives mangent avec gravité ; c'est une besogne sacrée que l'alimentation. *Spaghetti* et *tagliatelle* s'enroulent déjà adroitement autour des fourchettes ; les mioches se font des niches et jacassent comme des perruches. Une juste joie anime l'assemblée ; les larges prunelles sombres s'agrandissent ; elles contiennent à présent tout un univers heureux.

Plus loin, dans un parc, les petits corps apprennent le contact de la terre. Le ventre contre le plancher, encore végétaux, certains rampent péniblement ; ils n'existent qu'à l'état horizontal… D'autres commencent à marcher. Un bébé aux cheveux blonds, aux yeux durs, se tient debout. Il est droit, libéré de la gangue ; les pieds bien posés sur le parquet, la tête dressée, il salue à la romaine. Savoureux mélange de chair tendre et de lait, cet enfant demi-nu, gonflé de vie, est déjà enrégimenté, standardisé, numéroté : c'est du fascisme à l'état pur.

Nous revenons dans le corridor. Une porte s'ouvre : c'est la « cantine » maternelle. La table est mise : nappe grossière mais nette, couverts d'étain, assiettes de faïence colorées et gaies. Des conseils péremptoires, noir sur blanc, éclatent aux murs : « Mangez sans vous fatiguer à chanter et à rire. — Pensez que le fruit que vous portez appartient au Roi et au Duce… » Du haut de leurs cadres, Roi et Duce confirment silencieusement ces ordres.

Des infirmières en sarrau blanc servent le repas ; les clientes entrent à la queue leu leu, sans bruit, et s'attablent. Le minestrone fume et l'air se charge de l'odeur des légumes et du parmesan. Les menus sont soigneusement établis et dosés ; chaque pensionnaire a droit à 3.000 calories, ration type des femmes enceintes ou nourrices. La composition diffère suivant les saisons et les climats ; le menu type, variant chaque jour de la semaine, comprend un potage aux pâtes ou au riz, un plat de viande garnie (œufs ou poisson le vendredi), pain, fruits, lait et un verre de vin.

J'entre dans le bureau du médecin-chef. Une activité de laboratoire y règne. Dans la pièce sévère, des rayons, des classeurs, des fichiers conservent les observations et les symptômes. La table, qu'encombre une batterie téléphonique, est couverte de photographies et de graphiques ; je réalise ici un des côtés positifs de l'effort démographique.

On m'explique le fonctionnement de l'Œuvre, placée sous le contrôle du ministère de l'Intérieur. « À *Maternità e Infanzia*, me dit-on, nous travaillons de deux manières à l'accroissement de la natalité. D'abord la propagande proprement dite, l'eugénisme, l'hygiène prénatale et surtout l'éducation des mères futures auxquelles nous insufflons l'orgueil de mettre au monde. Puis la protection de l'enfance elle-même, commençant dès avant la naissance, se poursuivant jusqu'au moment (six ans environ) auquel l'enfant, ayant victorieusement franchi les dangers et les inquiétudes du premier âge, peut être pris en mains par nos organisations officielles d'éducation physique — et d'abord par les Balillas.

« Sur ces bases, nous réunissons en faisceau toutes les œuvres provinciales et communales d'assistance maternelle et infantile ; nous annexons la charité privée, nous la dirigeons et l'orientons dans notre sens social ; et nous abolissons surtout la notion de l'aumône, car la bienfaisance réduite à elle-même finit par éteindre chez les êtres qui en sont l'objet tout esprit d'initiative, toute activité, toute ardeur au travail, toute lueur de fierté et de dignité.

« L'Œuvre accueille toutes celles qui viennent à elle ; toute femme enceinte peut s'y présenter et sera admise sans "*tessera*", sans papiers d'aucune sorte. C'est un droit qu'elle vient demander et non plus un secours qu'elle implore.

« À partir du troisième mois de la grossesse, et pendant toute la période de l'allaitement, elle reçoit dans la cantine maternelle de son quartier un repas gratuit par jour. Elle est examinée au moins une fois par semaine au dispensaire. Elle accouchera dans une de nos maternités où nous l'hospitaliserons de dix à quinze jours. Nos prix de revient sont minimes ; une journée d'accouchée nous coûte, suivant les catégories, de 6 à 12 lires. Après la naissance, une loi lui accorde pour ses couches 60 jours de congé et une indemnité de 160 lires. Quand elle reprendra le travail, elle confiera l'enfant à l'une de nos crèches, et continuera à être nourrie le matin à la cantine pendant tout l'allaitement.

« L'Italie, voyez-vous, est généreuse à l'égard de l'enfance. Chaque quartier, chaque usine possède de beaux nids blancs et propres ; un personnel attentif y soigne les petits. Nous les sortons de la vie animale, nous veillons au salut de la race... »

Le médecin-chef ajoute quelques chiffres :

« En 1926, l'Œuvre assistait 387 mères ; en 1928, ce chiffre monte à 75.931 ; en 1932, à 245.273. Pour les enfants, dans les mêmes années, nous passons de 1.706 à 201.992 et 350.963. Nous contrôlons environ 5.000 institutions privées, que nous faisons visiter et surveiller par nos médecins délégués inspecteurs et nos infirmières visiteuses. »

Toute une série de lois a été également promulguée par le gouvernement pour la défense de la race, pour cette lutte de « *Bonifica* » intégrale. Le docteur m'énumère avec orgueil lois et décrets. Je subis le lyrisme des chiffres et la poésie des statistiques.

Le 27 octobre 1927, décret-loi rendant obligatoire l'assurance contre la tuberculose pour toutes les catégories de travailleurs ; 23 juin 1927, 20 mai 1928, mesures pour la lutte contre la malaria et le cancer ; 28 mai 1928, la guerre est déclarée aux mouches ; 14 juin 1928, exonérations fiscales aux familles nombreuses ; 9 mai 1926, nomination d'une commission « pour étudier et propager des remèdes contre la propagande malthusienne... »

Nous touchons là un point délicat ; le docteur A... se recueille un instant avant de poursuivre : « La vie, le plus haut don de Dieu aux hommes, doit être exaltée, respectée et ennoblie. Elle ne peut être supprimée impunément. Déjà l'homicide proprement dit est puni par les lois nouvelles avec une sévérité sans pareille, et l'article 12 du Code punit comme l'homicide l'instigation et l'aide au suicide. Pour l'enfance elle-même, une loi de 1927 réprime durement tous les délits qui touchent à la suppression de la vie humaine : manœuvres préventives, avortement, infanticide, tout ce qui peut être mis en action "pour tuer la semence vitale qui est la bénédiction de Dieu". Nous défendons et nous honorons la maternité. Chaque femme sait que le fruit de sa chair est sacré pour elle et pour la Patrie ; elle doit en accepter la charge. Elle sait d'ailleurs aussi que dès qu'elle porte en elle le fardeau de l'avenir, elle a un droit absolu à l'aide de l'État. Toute inégalité entre les enfants nés dans le mariage et ceux de l'union libre est d'ailleurs abolie. La fille-mère qui reconnaît et allaite son enfant reçoit pour la première année une pension alimentaire convenable, et elle peut lui être continuée pendant deux ans encore : 88.274 mères ont été assistées dans ces conditions par l'Œuvre qui se fait tutrice de l'enfant.

« La première tâche de la femme reste donc l'enfantement. Compagne intelligente de l'homme, elle donnera au pays le plus grand nombre d'enfants possible ; celui-ci veillera à les conserver. C'est là notre formule : *Massimo di natalità ; minimo di mortalità*. Et voyez les chiffres : la mortalité infantile, qui atteignait chez nous le chiffre de 48.000 en 1925, est tombée à 37.000 en 1932 ; la mortalité des "moins de quatre ans" est descendue de 217.000 à 176.000 ; celle des femmes en couches, de 3.111 à 2.900. »

Le Directeur ne s'est pas étendu sur le chiffre des naissances. Ce n'est ici un secret pour personne que, malgré tous les moyens de propagande employés, les résultats dans ce domaine ne correspondent pas aux espoirs — à la volonté du Chef. Les campagnes donnent l'exemple, mais les villes ne suivent que de loin ; dans les milieux bourgeois, dans celui des hauts fonctionnaires, se font jour des préoccupations égoïstes que le peuple ne connaît pas. Et le Duce n'a pas caché son mécontentement.

★
★ ★

M. C… m'a proposé de visiter le dispensaire du Centre. Nous descendons dans la salle de consultation. Le médecin de service est en train d'examiner deux jumelles de trois semaines ; l'une est rose, lisse, satisfaite ; l'autre fripée, terne, squelettique. On entend ses petits cris pitoyables et son souffle court d'animal malade ; elle est sous-alimentée. Une odeur de misère physiologique monte dans la pièce. « Il faut la mettre en nourrice », décrète le médecin dictatorial à la mère, blême ouvrière, serrée dans son fichu noir. Le père, qui semble dévitalisé lui aussi dans son pauvre endimanchement râpé, déballe maladroitement le bébé empêtré dans les langes et les épingles ; il explique son humble condition et sa misère de chômeur... Mais on l'écarte cavalièrement : « Nous allons mettre l'enfant à la campagne, entre les mains d'une nourrice solide. L'Œuvre se charge de tout... » L'assistante consulte un fichier ; quelques mots rapides, et avec une vitesse de Fregoli, la nourrice indispensable jaillit comme d'une trappe. Grande, saine, la robuste paysanne prend livraison de la *bambina* souffreteuse ; les effusions des parents, les adieux de la *mamma* sont écourtés ; quelques larmes coulent, une scène de mélo s'ébauche et l'on expédie le couple qui repart consolé et délesté de l'enfant chétive... Pour 150 lires par mois, la nourrice lui refera une santé et des globules rouges ; jusqu'au sevrage, l'Œuvre paiera, contrôlera, appréciera avec une précision de laboratoire la croissance du bébé pleureur.

Et cette organisation étend son réseau sur toute la campagne. « Dans chaque bourgade d'Italie, il y a à présent une consultation gratuite installée par nos soins, où mères et enfants reçoivent conseils, directives, soins et médicaments. Nous luttons contre l'ignorance, la crasse et la lézarde. La paysanne, dont la nombreuse progéniture poussait et mourait dans le grouillement malpropre des bastides, parmi les animaux et les mouches, a commencé par faire grise mine à ces innovations ; mais aujourd'hui elle ne se méfie plus ; elle se sent aidée, protégée et glorifiée dans le fruit de ses entrailles... Dans les villages les plus reculés des Abruzzes et de la Calabre, les mères font bon accueil aux dispensaires ambulants qui leur portent assistance et remède. La meilleure propagande est celle des faits. »

★
★ ★

En m'en allant, je passe par la « Maternelle » de la Garbatella. Dans un jardin sans herbe, couleur de pain brûlé, des pins, des cyprès et quelques palmiers empoussiérés se dressent dans le beau jour romain. Des enfants vêtus de rose et de bleu vont et viennent, turbulents, vivaces, dans un grand bruit animal et heureux. De jeunes maîtresses gouvernent avec douceur ce petit peuple aux joues pleines.

Tous ensemble font une ronde ; le rythme s'empare des corps maladroits ; ils apprennent à se soumettre ; les réflexes sont déjà fascistes. Le soleil brûle la cime des arbres ; au bout de ce morceau de jardin empierré, Rome se découvre dans une perspective orgueilleuse...

Un commandement rassemble la troupe enfantine. Les cloches bourdonnent et, dans le pauvre décor de la cité ouvrière, les petites voix neuves disent la prière la plus vieille et la plus actuelle du monde : celle où l'homme demande le pain de chaque jour.

CHAPITRE III

LES ÉCOLES SEREINES :
ROME — MONTE MARIO — COLISÉE

La place d'Espagne flamboie ce matin sous le soleil. Dans les murs, hors les murs, le printemps éclate : c'est une joie rien que de respirer.

Je flâne sur la « *scalinata* » de la Trinité des Monts en attendant le professeur Padellaro, proviseur des écoles de Rome, qui doit me montrer une partie de son domaine. Le décor de verdures, de marbres et d'eaux s'étage dans la lumière safranée. Sous des parasols de toile bise, les éventaires éclatants des marchandes de fleurs remplissent la place de couleurs et de parfums. Sur les larges degrés, ambrés par le soleil et le temps, des enfants turbulents déroulent les méandres mouvants de leurs jeux. La ronde perpétuelle des autobus et des voitures tourne autour de la fontaine bourdonnante de la Barcaccia : des militaires gris-vert, des séminaristes internationaux de toutes teintes, des amoureux légitimes (80 % de réduction sur les chemins de fer pour les couples en voyage de noces) s'ajoutent à ce désordre coloré et gai.

Le professeur me rejoint ; une auto nous attend au pied de la montée. Nous allons visiter au Monte Mario une école de plein air destinée aux enfants délicats de la ville de Rome.

Chemin faisant, mon compagnon, jeune philosophe sicilien plein de finesse et d'ardeur, m'explique avec une gentillesse protectrice et une ingéniosité subtile l'effort du Régime pour faire vivre la jeunesse dans le fascisme et pour lui donner de saines et de nouvelles disciplines. Le professeur parle sans emphase ; son visage éclairé d'un regard où transparaissent la défiance et le guet, mais où se devine une tendresse orgueilleuse, reste tendu et calme.

Sa voix douce, obstinée, sans éclat, m'explique que le fascisme est un problème d'éducation : la solidité du Régime dépend des enfants d'aujourd'hui qui seront les hommes de demain.

« Le Duce a voulu, me dit-il, pour la nouvelle Italie, un type d'homme fort, résolu, tenace, discipliné, parlant peu, conscient de ses responsabilités, attaché et dévoué passionnément à la chose publique : c'est pourquoi l'éducation prend dans l'Italie d'aujourd'hui l'allure d'une croisade. Un régime se fonde, appuyé sur un système de valeurs morales ; au sortir d'un demi-siècle de matérialisme, il renie le matérialisme ; cette base spirituelle est ce que le fascisme possède de plus original, c'est aussi ce que l'étranger en connaît le moins.

« Nous avons rattaché le fascisme au souvenir de Rome qui, seule dans le passé, eut le culte de l'enfance. *In principio erant pueri...* Souvenez-vous des deux enfants abandonnés allaités par la louve, souvenez-vous de Scipion l'Africain, après la défaite de Carthage, faisant distribuer des jouets aux enfants des prisonniers... La destruction même de Carthage anéantit un peuple qui brûlait vifs les enfants dans un Moloch d'airain. La civilisation romaine, au contraire, voyait en eux les forces vives de l'avenir ; pour affronter les déceptions de l'âge mûr, elle voulait que l'homme pût toujours se reposer sur les souvenirs d'un printemps heureux ; et dans un pays où les formes de l'art se mêlaient naturellement à toutes les manifestations physiques, elle comprenait la culture et l'éducation comme un harmonieux équilibre entre la nourriture de l'intelligence et celle d'un corps sain et joyeux de vivre... »

Il parle, et derrière ses paroles se recréent les tableaux de la Rome antique ; mes yeux revoient cette frise du Temple de Vénus Genitrix qu'hier à peine on arrachait, au pied du Capitole, à l'ensevelissement des siècles. Des enfants nus, éclatants de santé, aux joues rondes de petits paysans de Toscane ou d'Ombrie, y déroulaient leur danse joyeuse. L'artiste inconnu avait, cette fois, délaissé l'imitation servile des modèles grecs ; il avait regardé autour de lui, dans les rues, sur les places, aux bras des mères ; et au milieu de la pompe souvent sans âme des architectures romaines, cette ronde gracieuse, tout empreinte de bonne humeur et de naturel, reliait de façon imprévue le réalisme des anciens Étrusques à celui des artistes futurs du Quattrocento : image éternelle d'un peuple amoureux de l'enfance...

La voix prenante, un peu âpre, continuait :

« Notre civilisation avait un caractère religieux : toute la vie était consacrée et pour mieux dire liturgique. De ce caractère sacré naquit le sens monumental, signe essentiel des œuvres romaines. Le monumental est romain comme le Beau est grec.

« D'autre part, l'objet étant sacré était considéré d'un œil pieux et tenu pour un don. Cette piété envers les choses, ce sentiment liturgique étaient spécifiquement romains : ils aboutissaient à l'universalité, marque suprême de Rome : universalité dans les deux catégories du temps et de l'espace, sous le double signe de l'éternité et de l'empire de la terre...

« Enfin, troisième symbole de la romanité : le culte de la famille. La monarchie fut abolie après une insulte à une épouse, les tribuns du peuple rétablis après l'homicide qui vengea une vierge outragée. La religion était domestique, la maison remplie de dieux : dieux des portes, dieux des toits, dieux du foyer... Dieux des jardins aussi et de la campagne : en face de la civilisation mercantile de Carthage, Rome avait une conception agraire et poétique de la vie, et son plus grand poète devait chanter la félicité des champs...

« Ce sont les héros romains qui donnent son esprit et sa forme à la révolution de 1922, poursuit mon guide. La romanité, c'est la résistance humaine à un monde inhumain. Or, la vieille lutte de Rome et de Carthage dure encore ; les marchands puniques s'efforcent toujours d'établir une identité entre l'argent et la valeur de la Vie. Et si Rome affirme aujourd'hui son idéal rural, c'est parce qu'elle comprend que sa mission en ce monde n'est pas terminée. L'ennemi ressuscite des sables qui couvrent

Carthage avec le visage inhumain de la Cité qui eut des portes d'or, mais qui a gardé comme témoignage devant l'histoire l'amas d'une centaine de squelettes d'enfants. Le fascisme est la lutte au nom des valeurs idéales contre les valeurs mercantiles : sens religieux et liturgique de la vie, aspiration au grand, au monumental, au solide, au durable ; culte de l'enfance, de la famille et de la terre. Et c'est dans ce sens que le fascisme est la quatrième guerre punique... »

Mon compagnon achève cette leçon ingénieuse et hardie de politique ; il parle avec cette foi totale qui ne requiert plus que des actes. Je retrouve en lui cette certitude de l'esprit, cette paix du cœur qui existent chez certains religieux. À force de sécurité, de repos dans l'absolu, il en arrive à la tolérance, à l'indulgence.

Je l'interromps : « Comment parle-t-on du fascisme aux enfants ? »

Il m'explique avec douceur que la pédagogie ne doit pas être matronale, mais maternelle. Toute la vie ne changera pas le premier aspect de vérité qui vient à l'ignorance de l'enfant par l'intelligence de la mère, ni ce premier aspect de l'amour qu'elle lui dévoile. Trois choses doivent être révélées à l'enfant par celle qui lui a donné la vie : la vérité, l'amour et la beauté. « C'est donc comme vérité, comme amour et comme beauté que nous révélons aux enfants le fascisme. »

« Mais nous ne leur dirons pas : le fascisme a sauvé l'Italie. Il faudrait qu'ils pussent imaginer une Italie perdue et une Italie sauvée et que la Patrie fût pour eux un être vivant qu'ils pussent caresser et aimer. Mais elle ne l'est pas. L'enfant aime instinctivement le jeu, ses parents, ses camarades ; mais non son pays. S'il avait le choix, il voudrait peut-être être né dans la Lune. Le Monde est son pays ; celui dont on lui parle n'a ni bêtes féroces, ni forêts vierges, ni rien de ce qui l'intéresse... sauf les carabiniers, et encore ne les aime-t-il que parce qu'ils impliquent les voleurs qui sont ses amis naturels. Oui, pour un enfant de six ans, cette phrase : "le fascisme a sauvé l'Italie" ne signifie rien.

— Mais que doit donc faire le maître ?

— Il doit être un artiste, un créateur d'états d'âme. Il racontera aux enfants comment à Casale les communistes ont tué deux vétérans de l'armée et un étudiant. Il fera vivre cet étudiant, et les enfants fascinés rêveront de s'immoler comme lui : car c'est le mot *comme* et non pas le mot *pour* qui est la règle de l'enfant... Nous ne lui montrons pas le fascisme sous l'aspect de briseur de grèves : c'est la grève, cette fête mouvementée, qui est sympathique à l'enfant, et non pas celui qui ramène l'ordre. Nous lui montrons Mussolini révolutionnaire ; nous ne lui disons point que cette période de sa vie a été une erreur et qu'il a ensuite trouvé sa voie. Mussolini converti est la caricature de Mussolini ; ce qui fait l'unité de sa vie, c'est l'amour du risque : c'est sous cet aspect que la jeunesse l'aimera. Laissons-lui pour sa gloire l'auréole du rebelle. Mussolini socialiste était la révolte, Mussolini fasciste est la révolte contre la révolte. Les fascistes sont des révoltés à la suite du Duce : le fascisme est révolution et qui dit éducation fasciste dit éducation révolutionnaire.

— Mais quel sens attribuer à ce mot ?

— J'entends par révolution amour du risque, désir de fonder un ordre meilleur, oubli de soi au profit des autres, volonté d'obéir aux lois de cette révolution, de se préparer corps et âme à en être digne quand l'heure sonnera. D'ailleurs l'enfant aime spontanément la révolution parce qu'elle est mythe, poésie, légende, désir du paradis. Elle est ce qui n'est pas encore, mais qui devrait exister. C'est elle qu'il aime dans la Fable : elle est le monde enchanté des contes de fées, ce pays merveilleux, poétique, humain, qu'il peut aimer. Elle est le pays extraordinaire gouverné par un homme extraordinaire ; les enfants demandent un héros, ils veulent plus qu'un Roi, et nous leur donnons une Révolution et un Chef.

— La doctrine politique est donc un système d'éducation ?

— Nous estimons que nous possédons la vérité politique, et partant la vérité éducative. Le monde s'égare à travers des idées contradictoires et il égare l'enfant. Nous cherchons le système d'éducation et nous trouvons le système politique ; nous cherchons la carrière où les aspirations profondes de l'enfant puissent trouver leur pleine satisfaction et nous faisons naître le fascisme. »

★
★ ★

Dans la résonnance de ce *Credo* romain, nous arrivons au Monte Mario. Sur la colline boisée est installée dans les pins une école de plein air consacrée aux enfants délicats de la ville. Chaque classe forme un bâtiment isolé, composé d'une vaste pièce flanquée de deux terrasses couvertes. D'autres bâtiments abritent réfectoires, vestiaires et douches. Sur chaque terrasse, on fait la classe à une trentaine d'élèves.

Un autobus collecteur décharge ici chaque matin sa cargaison d'enfants qui passeront toute la journée à l'air salubre. Dès leur arrivée ils sont douchés, puis revêtus d'un costume de bain de soleil en toile blanche. Le matériel scolaire est réduit : des petits bancs, des tables en bois colorié de couleur vive, un tableau noir, très peu de livres, tout cela librement disposé à l'ombre des grands arbres.

La 3e élémentaire est réunie autour de Mlle Ida, gracieuse, fraîche, vêtue de rose. C'est l'heure des « occupations intellectuelles récréatives » : une vingtaine de bambins prennent une leçon de « jeux de l'intelligence ». On joue à qui racontera la plus belle histoire.

J'entends la dernière, dite avec un accent juste et une mimique étonnante par Mariolina, jeune oratrice de neuf ans au visage d'ambre clair éveillé et souriant. Ce sont des vers, et ils sont d'elle :

> Les hirondelles chantent en chœur,
> Et nous crions : « Ce sont elles, ce sont elles ! »
> Et avec leur voix mélodieuse
> Elles annoncent la fête du printemps.
> Tu t'émerveilles tant et tant
> De les voir s'en aller, s'en aller ;

Et j'ai vu de mes propres yeux
Que les hirondelles volent vers Dieu.

Mlle Ida est enchantée de l'effet produit. Mariolina baisse ses yeux de diamant bleu, ombrés de cils immenses qui ont l'air passés au rimmel. Ses compagnes battent des mains, poussent des cris d'enthousiasme ; les visages sont colorés par le plaisir ; les bouches entr'ouvertes par l'admiration sourient de ce sourire pur de l'enfance qui n'exprime que la joie de vivre...

Un peu plus loin, un autre cercle est formé autour d'une jolie blonde de vingt ans, qui pose des devinettes aux tout-petits de la 2e classe : « Je ne suis pas peintre et cependant à toute heure du jour je fais des portraits ; j'en fais de beaux, j'en fais de laids. Qui suis-je ? » Je regarde ces enfants cuivrés par le soleil ; ils ressemblent comme des frères aux *bambini* sculptés ou peints qui tapissent tous les musées du monde. Mais l'un d'eux a deviné, et bientôt les petites voix s'élèvent triomphantes : « Le miroir, le miroir... »

Je continue ma promenade à travers cette colline heureuse. Voici les garçons de la 4e élémentaire. C'est aujourd'hui leçon de religion ; des lectures pieuses doivent illustrer les études faites pendant l'année. L'instituteur lit d'une voix chaude, un peu grasse à la romaine, une page de littérature populaire du Moyen Âge, la vie de saint Jean-Baptiste par le Frère Domenico Cavalca :

« ... Le petit saint Jean ne rentrait jamais avant le soir ; il rapportait ses découvertes à son père et à sa mère, leur contait les petites bêtes qu'il avait trouvées, et comme il y en a tant dans les bois et comme elles étaient venues se poser autour de lui et dans son tablier... Et l'enfant disait : "Je me trouvais par hasard dans le plus beau pré que j'aie jamais vu, au milieu des plus belles fleurs ; avec quelles délices je louais les choses que Dieu a créées !... Il y avait quelque part un arbre aux bas rameaux, au feuillage touffu, et je me blottissais dessous et m'y trouvais si bien que je me croyais dans ma chambre... Je me rappelais tout ce que j'ai coutume de lire, et quand je chantais, les oiseaux me répondaient par les plus beaux vers que j'aie entendus, et ils louaient Dieu avec moi... mais je ne réussissais pas à les comprendre..." Et Jean demandait à sa mère : "Les oiseaux peuvent-ils comprendre ? — Si Dieu le veut, mon fils. — Alors je m'en vais prier Messire Dieu pour qu'il me les fasse comprendre aussi..." »

Midi sonne : les classes sont finies. Des théories blanches de filles et de garçons se forment et se déroulent. Ces enfants sont dégourdis, sains, éveillés, bien soignés, bien présentés. Le jardin baigné de lumière bruit d'un gazouillement humain : tous bavardent comme des cigales, gesticulent, chantent, se taquinent, s'embrassent, se disputent avec une rapidité, un entrain, une liberté extraordinaires. Ils sont gais, turbulents, vifs et adroits.

Un commandement bref retentit ; tous s'immobilisent dans le salut à la romaine ; puis, deux par deux, ils vont déjeuner.

Le directeur de l'école m'invite à les suivre. Dans une immense salle, où fume le *risotto*, un mobilier de Lilliput en laque rouge. Sur les petites tables basses, des nappes colorées, des couverts, des verreries brillantes. Les plus grands servent les plus petits. Au mur, les images du Roi, du Chef et du Christ. Sur un ordre, l'assistance se lève et se tourne d'un seul mouvement vers elles. La prière monte : je regarde ces petits ; il y en a de rieurs, de fiers, de gamins, de timides, mais dans leurs yeux transparaît une confiance émerveillée et ingénue dans la vie.

Un nouveau commandement : ils se rassoient. Je leur souhaite un bon appétit ; un doux et long murmure « *grazie* » me répond. Une grâce franciscaine rayonne sur cette enfance pauvre.

★
★ ★

Nous quittons le Monte Mario, nous traversons la ville ; nous voici à l'école du Colisée, « la plus pittoresque », me dit en souriant mon guide. À l'ombre des murs éternels, dans un jardin rempli de fleurs, des enfants travaillent et jouent. Nous entrons. Ils entonnent un hymne à la jeunesse et toute la superbe romaine enfle leurs petites voix chétives. Dans une atmosphère de paix et de luxe sans richesse, ces petits donnent une impression profonde de propreté, de bonheur, de discipline et d'attention.

On m'explique le sens donné à leur éducation ; on me montre de beaux cahiers aux écritures soignées, appliquées. On me dit la part primordiale faite au dessin ; tous dessinent, et dessinent à leur fantaisie : ces libres exercices sont à la base même de l'enseignement qu'on leur donne.

« L'art, m'explique le professeur Padellaro, consiste en deux actes : la contemplation et l'expression.

« La contemplation coupe les liens qui nous attachent au monde extérieur pour nous entraîner à travers les nues. La prison du réel devient un château enchanté. Le monde de l'expérience se couvre d'un voile que la réalité cachée sous lui brode d'un fil d'or : ce n'est plus un monde, mais le dessin d'un monde. Tel est le rêve où vit l'enfant et tel est l'art ; ou, si l'on veut, l'art est le rêve de l'enfant. Qui empêche l'homme fait de s'évader du cruel labyrinthe construit par son expérience ? Cette expérience même. Mais sur le seuil du labyrinthe, sur le seuil de la vie, dans un monde qui n'est encore que merveille, l'enfant rêve librement. Il est artiste ; et c'est par là reconnaître que l'art est un élément essentiel de la vie spirituelle ; et, loin de l'abaisser, cette idée le fait participer à toute la noblesse de l'esprit. On grandit l'art en le communiquant à tous les hommes.

« Le second élément de l'art, l'expression, délivre l'âme du fantôme créé par le premier. L'art est parole, si nous entendons par parole l'expression d'un monde formé par le moi ; ce qui revient à dire que l'art est l'affirmation de la personnalité. Ce monde construit par la fantaisie, ce monde qui, opposé à l'univers de tous, est l'univers d'un seul, ce monde imaginaire où toutes les conditions du réel sont bousculées, n'est pas, comme le disent les sages, un monde fou ; c'est celui de la beauté et de l'art, marqué par ce "moi" qui est le mot commun des enfants et des artistes.

« Si l'art est un moment essentiel de l'esprit, toute éducation est vaine sans lui. Élever l'enfant dans l'esprit de l'art, c'est l'entraîner d'abord à voir, et ensuite à s'exprimer. Cette école de la spontanéité ne veut nullement dire chaos, indétermination et caprice, mais au contraire affirmation pleine et complète de la personnalité de l'élève. Il est deux fois créateur, dans la contemplation et dans l'expression. Celle-ci porte le signe propre, unique de chacun et constitue la sincérité. Ainsi le fantôme créé par la contemplation et l'image créée par l'expression ne sont que deux visages de la même réalité, l'un encore dans les ténèbres, l'autre déjà dans la clarté. Passer de ces ténèbres à cette clarté, c'est le travail même de l'esprit humain et le drame de l'éducation.

« Mais surtout que l'éducateur n'y intervienne pas, sa lampe électrique à la main. Cette lumière artificielle effacerait tous les traits spontanés. L'art est parole, mais le silence est religion. La parole est l'homme, le silence est Dieu. L'une et l'autre forment par leur alternance le rythme de la vie enfantine. L'une s'exprime par ce "moi", qui est un des mots préférés de l'enfant ; l'autre par son autre mot de prédilection : "pourquoi ?"

« Toute chose nous demande : "pourquoi ?" ; ce qui signifie : pourquoi existé-je sans toi ? pourquoi existerais-je même si tu n'étais pas ? pourquoi existerai-je quand tu ne seras plus ?… L'oreille de l'homme peut se faire sourde à ces demandes, celle de l'enfant les écoute avec ravissement. Les "pourquoi" que les enfants nous retournent sont les "pourquoi" que les choses leur ont posés. Le "pourquoi" est le premier acte de foi, car demander la raison d'une chose, c'est croire que cette raison existe. Un homme qui perd la foi perd aussi le sens de la raison : il ne sait plus se demander pourquoi. Il n'entrera pas dans le royaume des Cieux parce qu'il n'est pas enfant, c'est-à-dire parce qu'il ne sait pas demander ingénument à Dieu le pourquoi de ses merveilles.

« Ces deux mots "moi" et "pourquoi" sont les deux pôles du monde des enfants. Le premier signifie beauté, le second vérité. Et les programmes d'éducation fasciste, fondés eux-mêmes sur ces faits, s'appuient sur l'art et sur la religion. Art et religion se complètent : la beauté est ce qui est, la morale ce qui devrait être. La pédagogie fasciste, désireuse de développer toutes les

ressources de l'âme humaine, s'oppose violemment aux pédagogies antérieures. L'école où l'on n'apprenait qu'à lire et à
écrire, si elle a jamais existé, a été une école d'esclaves, parce
qu'elle a voulu priver l'esprit de cette liberté qui est sa vie, de
cette liberté qui est une expansion infinie à la recherche de la loi.

« L'école primaire, en un mot, par la volonté du législateur,
n'est pas une école de religion, ni une école avec la religion :
c'est une école religieuse. Qui ne le comprend pas ne compren-
dra jamais son programme : il lira un évangile comme il peut
lire un code où, s'il savait lire, il lirait aussi sa condamnation. »

J'écoute ce long monologue un peu trouble où, derrière la
profondeur des vues, la séduction des idées et le charme de l'expression transparaît le pur besoin d'affirmation, dût-elle faire
illusion sur la nouveauté des formules ; où l'esprit à la recherche
des dogmes se laisse parfois griser par l'ivresse des mots... Le
professeur Padellaro le ramène sur le plan politique et conclut
en souriant : « Vous voyez que dans ce régime d'oppression, on
essaie avant tout de libérer et d'accroître la personnalité de l'enfant. »

Un jeune maître me montre alors les sujets de composition.
Dès l'âge de sept ou huit ans, les enfants font des narrations sur
des sujets qu'ils choisissent eux-mêmes. On les intéresse surtout
à l'histoire vivante de l'Italie. Ils commentent librement les évé-
nements actuels.

On les invite notamment à s'exprimer sur le Traité du
Latran. Ils interpellent familièrement le Duce ; ils félicitent le
Pape de s'être réconcilié avec le Roi. Pour beaucoup d'entre
eux, cette réconciliation est un plaisir personnel. « Il y avait tant
d'années que le Pape et le Roi ne se parlaient plus. Enfin hier le
Roi est allé chez le Pape. Je suis content que le Pape ait fait la
paix avec le Roi. » Un autre demande : « Et vous, Duce, êtes-
vous content que le Pape dise que vous êtes un homme envoyé
de Dieu ? » Un troisième écrit : « Hier le Pape est devenu Roi :
il peut se promener dans les rues. Je me sens tout heureux en
pensant que nous verrons Sa Sainteté dans les rues de Rome. »
L'un demande qu'il y ait plus de grain, un autre espère que la

lire montera. Un politique envoie « ma plus belle pensée au pape italien Pie XI qui finalement a voulu paix et alliance avec la nouvelle Italie fasciste ». Un réaliste proclame : « Ce sera toujours un prétexte de moins pour nous faire la guerre. » Un curieux demande au Pape : « Es-tu content d'avoir fait la paix avec le Duce ? » Et un enfant dévot : « À vous qui avez été assez gentil pour dire que le Duce était un homme envoyé par Dieu, je demande votre bénédiction pour moi, Maman et Papa. »

Citons encore : « La paix entre le Pape et le gouvernement m'a touché le cœur. Le Pape n'avait rien fait de mal à l'Italie pour être renfermé au Vatican. Je prierai Dieu de bénir le Pape, le Duce et le Roi. »

« Je suis allé hier à Saint-Pierre, j'ai vu le Pape au balcon, il a donné sa bénédiction et il est rentré. Le Pape et le Roi font leurs accords ; le Roi commande à l'Italie, le Pape aussi commande à l'Italie et aux autres nations, mais seulement pour la religion. Avant, le Pape était enchaîné et ne pouvait pas sortir ; à présent il peut se promener partout où il veut : je dis que les accords sont bien faits. »

On m'apporte un devoir dont le sujet est le Duce lui-même ; il se termine ainsi : « C'est un grand bonheur pour nous que Benito Mussolini soit à la tête de l'Italie. Il nous donnera ce dont nous avons besoin, car il sait ce qu'il faut aux enfants. Il a lui-même enseigné et il a cinq fils très aimés. »

J'entends aussi la prière pour le chef du gouvernement. « Seigneur, toi qui donnes à chacun de nous une aide proportionnée à sa tâche, nous te prions d'assister avec force l'homme qui, appelé par Ta Providence au gouvernement de notre pays, veut le restaurer, afin que l'Italie trouve en lui l'accomplissement de ses destinées. »

Cependant, au fond du jardin, une trentaine de petites filles, tablier blanc, nom individuel brodé sur la poitrine, nœud bleu d'uniforme éclatant dans les cheveux (l'enfance scolaire italienne est vouée au blanc et au bleu : seule la France habille ses écoliers de noir) sont en train de franchir victorieusement des divisions à deux chiffres dans un enseignement et une assistance mutuelles. La table de multiplication elle-même devient un jeu... « Et les poids et mesures, dit Maria, comme c'est amusant... On prend le tour de taille, puis le poids, puis la longueur d'Elena... — Qui est Elena ? — Ma poupée... Et après, on mesure les meubles, les pas, le jardin... »

« Je leur apprends aussi la géographie comme un jeu, ajoute Mlle Virginia, l'institutrice ; et pour l'histoire, je tâche de la leur faire vivre à travers les héros que nous célébrons. Notre "cahier des héros" est aussi celui de leur famille, où elles inscrivent elles-mêmes lettres, citations, photos et souvenirs de ceux des leurs qui ont lutté et péri courageusement en guerre. » À ce moment, une petite fille de cinq ans, blond platine « *sul serio* », aux yeux de velours et d'électricité, sort des rangs. On me la présente : Lydia. « C'est la plus jolie, c'est aussi la moins sage. Elle ment, mais elle a promis de ne plus le faire. — Est-ce pour faire plaisir à votre maman, à vos maîtresses ? » La petite voix aiguë d'oiseau tremble un peu dans l'air transparent et léger : « C'est pour faire plaisir au *Papa Grande* qui nous aime... »

Il va sans dire que le « *Papa Grande* » de Lydia, tout-puissant et tendre, c'est le Duce qui a pour tous ces enfants les traits d'un ange gardien. « C'est pour lui qu'ils travaillent, c'est à lui qu'ils confient leurs joies et leurs peines. Ils lui demandent du pain quand il n'y en a plus à la maison. Il est celui qui exauce les vœux que Dieu n'entend pas. Notre jeunesse est heureuse : elle aime l'amour et elle sait quoi aimer. »

Je regarde mon guide et j'admire les faces que tournent les enfants vers lui. La foi totale qui les illumine éclaire son visage pathétique, où transparaît une intelligence imprenable. Je ne lui demanderai pas la part qu'il fait à l'esprit critique : le Duce ne m'a-t-il pas dit lui-même : « Je n'en veux pas tant que je construis ma maison. Plus tard... *si vedra.* » Je ne lui demanderai pas si toutes ces consciences exaltées s'arrêteront toujours aux bornes prescrites, et si quelque jour cette jeunesse trop couvée ne tentera pas de s'évader de cette prison affectueuse. Cette école ressemble à quelque tableau primitif populaire et délicieux : les maîtres y sont pleins de zèle, de dévouement et de tendresse ; comme Philippe Néri, ils se font petits avec les petits, parmi les cris joyeux.

★
★ ★

Nous partons. La leçon de gymnastique commence, et tout ce petit peuple évolue avec une grâce aisée. Un air de gaieté rayonne et s'épanche librement. À travers les glycines et les lauriers-roses, on aperçoit le Colisée saturé de lumière. Je traverse le beau jardin naïf qui évoque celui des commencements du monde. Dans l'or du soleil, ces visages radieux d'enfants pauvres m'ont fait penser aux anges de Melozzo da Forlì.

J'emporte le souvenir d'un paradis retrouvé.

CHAPITRE IV

PÉDAGOGIE NOUVELLE

Je roule ce matin dans la campagne ; l'air est humide, cendré et pur. Une vapeur d'or flotte sur les terres paludéennes décolorées par l'automne. La plaine basse s'étend à l'infini vers la mer ; des canaux rectilignes la partagent et la drainent. Des champs de blé, des cultures potagères, des vignes et des pâturages surgissent de l'immense décomposition végétale et s'étalent des deux côtés de la route asphaltée. Dans un alignement de chars d'assaut, des brigades de tracteurs attaquent la terre et foncent vers l'horizon.

Des conquérants nouveaux ont tiré de sa longue torpeur la campagne romaine ; ils ont remplacé les misérables huttes de paille, les masures écroulées et les pauvres cultures qui se désagrégeaient dans le silence et l'abandon par des bâtisses lisses, colorées, schématiques qui abritent fermes, entrepôts, centres de production, d'élevage et de contrôle.

Les ombres des jeunes cyprès bleuissent et s'allongent sur la route : une église, la mairie, l'école, la gare, la maison du *Dopolavoro* ; voici Maccarese, qui fait figure de vraie ville avec ses bâtiments éclatants et neufs, vernissés, couleur de tomate mûre…

Une activité de pionnier règne ici : on défriche, on draine, on sème, on laboure. Des équipes de paysans travaillent, bâtissent et prolifèrent. Maccarese, entrepôt agricole, place forte de la guerre à la malaria et aux marécages, naît des eaux stagnantes et souterraines.

Nous sommes sur un des champs de bataille de la lutte épique entreprise par le Régime pour l'assainissement des Marais pontins, vainement tenté à diverses reprises depuis l'époque romaine. Elle débutait à la fin de 1931 ; à l'heure actuelle, près de 25.000 hectares défrichés et en culture, 1.400 fermes modèles construites ou en achèvement, plus de 140 kilomètres de routes et de voies ferrées, plus de 370 kilomètres de canalisations, la capitale nouvelle de Littoria sortie de terre à l'américaine, proclament la victoire sur ce seul point de l'Italie.

Pour en trouver les soldats, le Duce s'est adressé à l'Œuvre nationale des Combattants. Chargé du travail de la « *Bonifica* » sur l'ensemble du territoire, cet organisme s'est mis à la tâche avec une ardeur, une foi et un succès qui donnent à cette œuvre sociale la valeur d'un symbole et d'un exemple. Aujourd'hui, près de 20.000 familles d'anciens combattants sont, sur les champs nouveaux d'Italie, propriétaires d'exploitations agricoles d'une étendue de 15 à 20 hectares.

On implante ici des familles lombardes et vénètes, nombreuses toujours. L'émigration intérieure réussit. On distribue terres, bétail, outillage et maisons. La vie s'insuffle aux champs reconquis par la *Bonifica* intégrale sous le contrôle serré du gouvernement.

Ces colons modernes ne ressemblent guère aux paysans pittoresques et nonchalants d'autrefois. Ils ont tous appris à se servir d'un tracteur, à tenir une comptabilité agricole. Ils vont au *Dopolavoro*, aux réunions du parti, où ils reçoivent une éducation politique intensive. Le nombre de chômeurs aux États-Unis et en Angleterre, la lutte des classes, les méfaits du libéralisme, « clé des misères de notre temps », sont à présent pour eux des notions courantes. Ces connaissances, cet enseignement, cette activité ont éveillé en leur esprit un sentiment primaire de supériorité. Ils sont devenus des ouvriers de l'État, des soldats du plan fasciste ; un esprit de sport, de concurrence et de guerre s'est emparé d'eux. Les comptes rendus des moissons sont rédigés comme des bulletins de victoire ; ils gagnent la bataille du blé, et l'Institut génétique de Rome proclame avec orgueil les résultats. En dix années, la production italienne a passé de 47 à 75 millions de quintaux ; les besoins du pays sont de 80 millions. On touche le poteau ; la victoire est certaine. De tous ses nerfs, de toutes ses forces, un peuple lutte sur le front des céréales.

Il se multiplie aussi avec entrain. La situation démographique des campagnes mérite toujours de servir de modèle aux villes de la péninsule (dont certaines reçoivent à ce sujet des avertissements sévères du Duce) et à celles de l'univers : Rome, Londres, Berlin…

★
★ ★

Écoles et jardins d'enfants sont particulièrement soignés dans ce secteur. L'école de Maccarese où j'arrive ce matin brille de ses verrières neuves. Sous le soleil éternel, le bois verni des tables et des bancs reluit ; le Régime aime avec passion les planchers et les meubles bien cirés. Aux murs blancs, des affiches hautes en couleur, qui montrent des enfants se lavant les dents ou les mains au lavabo avant le repas ; dans une maison aux fenêtres largement ouvertes, des paysannes astiquant et frottant, aérant la literie. On voit aussi des plats que des mousselines protègent des mouches ; des grillages qui défendent les maisons contre les moustiques ; des membres blessés que l'on désinfecte à l'iode. Des graphiques proclament la victoire du blé, de beaux épis mûrs décorent le pourtour des salles. Sous les millésimes fascistes — an X, an XI, an XII —, des lignes ascendantes, des rectangles de plus en plus grands mesurent et démontrent l'accroissement de l'activité agricole, les stades de la *Bonifica*, la défaite de la malaria : tout cela dans un ordre strict, dominateur, mélange d'arithmétique, de propagande et d'autorité.

Au même niveau, les images du Roi et du Chef ; dans un angle, une Madone stéréotypée, banale et gentille, sourit dans un cadre peint. Des impératifs catégoriques : « Tuez les mouches. — Mussolini a toujours raison — … » éclatent noir sur blanc sur la chaux crue des parois. Des cartes de géographie évoquent la figure de la Patrie, disent l'Italie frustrée par les traités, ses colonies insuffisantes, offrent les océans et les terres lointaines au vagabondage des rêves enfantins. Des reproductions de scènes patriotiques complètent le décor : rencontre de Garibaldi et de Victor-Emmanuel, rencontre de son petit-fils et du Duce ; seule la couleur des chemises a changé...

Sur ces murs d'école, le Régime illustre son effort, fait ses preuves, les étale lisibles, évidentes, triomphantes.

Je passe rapidement à travers les salles, bourdonnantes du bruit des leçons récitées. Des enfants bien en chair, petits paysans rudes et trapus, aux pieds larges bien posés sur la terre, les remplissent abondamment. Me voici dans la quatrième élémentaire de garçons. Un maître militant et rural, sorte de paysan au grand cœur, lit à haute voix un chapitre du manuel de cette classe. On m'invite à l'entendre ; je m'assieds dans un coin et j'écoute le nouvel évangile fasciste... D'abord la « nativité » :

Benito Mussolini naquit le 29 juillet 1883 à Varano de Costa, vieux bourg situé sur une hauteur au-dessus de Dovia.

Il était deux heures de l'après-midi, c'était un jour de grand soleil, et les cloches sonnaient au loin en l'honneur de la fête du saint patron des Camminate, roches antiques qui, au sommet des collines qui ceignent Dovia de leur couronne, dominent toute la vallée où serpente le fleuve Rabbi.

Le grain était mûr, et les cigales stridaient dans les intervalles de silence que laissaient les cloches.

Et le père et la mère pensaient que cette gloire de la lumière et cette sérénité du ciel étaient d'un bon augure pour le destin de leur premier-né — et ils se réjouissaient dans leur cœur.

Les parents :

Le père de Benito s'appelait Alessandro, il exerçait le métier de forgeron, tenant boutique dans une encoignure au rez-de-chaussée de la maison de Varano.

Homme d'esprit ouvert et de grand cœur, il aimait par-dessus tout son labeur qui occupait la plus grande part de sa vie, car à cette époque la journée de travail durait douze et parfois quatorze heures, et l'ouvrier n'était pas encore protégé par des lois et des règlements qui lui assurent un salaire équitable et des conditions humaines d'existence.

La mère avait nom Rosa Maltoni. De San Martino in Strada, son pays d'origine, elle était venue très jeune pour enseigner à l'école élémentaire de Dovia. Elle avait connu Alessandro Mussolini et l'avait épousé.

C'était une femme pleine d'amour et d'ardeur, intelligente et laborieuse. Pour tout, elle trouvait du temps. Avec un scrupule, une patience et un zèle égal, elle faisait l'école, vaquait aux soins domestiques et s'occupait de l'éducation de ses fils.

Elle était douce, forte et tendre.

Elle devait lutter avec la pauvreté des moyens et parfois elle tremblait.

Mais alors la réconfortaient certains éclairs que lançaient les yeux de Benito ; et la réconfortait aussi la foi avec laquelle, le dimanche, pressée avec ses enfants devant le maître-autel de la petite église de San Cassiano, elle demandait à Dieu de les protéger et de lui donner la force de poursuivre son chemin.

Parfois pourtant ses préoccupations la remplissaient d'anxiété. La nuit, alors, elle ne pouvait s'endormir ; et Benito, qui l'entendait descendre du lit et marcher çà et là, en avait le cœur serré.

Enfance :

Dès l'âge de quatre ans, sa mère lui mit l'ABC entre les mains. Il apprit vite à lire, et à sept ans entrait à l'école.

Les livres étaient pour lui comme la joie d'aborder un pays neuf et d'y voir des choses étranges et merveilleuses.

Mais aussi lui plaisait de sortir au grand air, de courir par les rues et les champs, de suivre les rives du fleuve, de grimper aux arbres et de s'en laisser glisser avec légèreté, de faire preuve d'agilité, de force et de courage.

Mais quand il rentrait à la maison avec ses vêtements déchirés, le genou écorché et les mains en sang, que n'eût-il pas donné pour passer inaperçu des yeux de sa mère ? La pensée qu'il pouvait lui déplaire l'angoissait ; et il lui suffisait d'imaginer le cher visage douloureux pour se sentir trembler d'émotion.

… L'école primaire terminée, ses parents l'envoient au collège des Pères Salésiens à Faenza. Malgré son goût du travail, il lui semble être en prison ; il évoque avec tristesse les chers souvenirs de la maison et de la campagne.

À son retour à Dovia, il aide son père dans son dur métier de forgeron.

Mais il n'abandonnait pas pour cela ses livres. Il lisait et lisait, enfermé dans sa chambre, ou dans une petite case que possédait sa mère au flanc d'une colline lointaine ; ou à la bibliothèque de Forlì, où il arrivait en sueur et couvert de poussière après quinze kilomètres à pied.

Et le soir, à la table familiale, il écoutait le père parler avec ses amis, et il s'efforçait de comprendre des choses ardues pour son âge... Puis, une fois seul, il méditait sur ce qu'il avait entendu. Des pensées nouvelles naissaient et se mêlaient aux souvenirs de ses lectures. Une inquiétude lui pénétrait le cœur, une impatience d'agir, de faire lui-même quelque chose pour l'Italie. Il comparaît l'Italie d'alors avec l'Italie antique, quand Rome était grande et puissante ; il en frémissait. Rome !! Ce nom l'exaltait et l'empêchait de s'endormir.

Avant le lever du soleil, il était déjà sur pied. Il gravissait les flancs des montagnes où la terre est brûlante et montre presque ses os ; il arrivait au sommet des Camminate ; et là, où le regard s'étend sur la plaine lointaine et sur la mer, son cœur orageux s'apaisait.

De pays en pays :

Mais désormais il fallait chercher une carrière ; et ses parents se consultaient l'un l'autre.

« Benito promet, disait la mère, si nous en faisions un instituteur ? »

Ainsi il alla à l'école de Forlimpopoli, d'où il sortit avec le diplôme de maître.

Mais son besoin de connaître les hommes et les choses, d'apprendre à se mesurer avec les obstacles et de les surmonter par ses propres forces, l'éloigna des bourgades et le poussa hors d'Italie.

Il s'en fut en Suisse, acceptant les humbles travaux auxquels le forçait la nécessité pour pouvoir acquérir sa propre expérience et poursuivre ses propres études ; puis à Trente où avec Cesare Battisti il défendit l'italianité du Trentin.

Revenu dans sa Patrie, il eut la douleur de perdre d'abord sa mère, qui était comme le soleil de sa vie, puis son père.

Il restait seul : avec sa volonté, avec son cœur, et la vision d'une Italie meilleure.

Guerre et victoire :

Enfin le jour arriva où il fallut entraîner peuple et gouvernement dans la guerre.

Par les places d'Italie résonnait la voix de Mussolini. Et là où la voix n'atteignait pas, atteignaient les articles de son journal *Il Popolo d'Italia*.

Quand le Roi, écoutant la volonté de la Nation, eut ceint l'épée, il chercha à s'enrôler comme engagé volontaire. Sa demande repoussée, il attendit l'appel et entra avec son uniforme de *bersaglieri* au plus épais de la mêlée, sur les Alpes. La pluie, la boue, le froid, la faim : il supporta les dures épreuves de la tranchée avec fermeté et fut promu caporal pour faits de guerre avec ce motif : *Benito Mussolini, toujours le premier dans les entreprises de courage et d'audace.*

Le 22 février 1917, il tomba, gravement blessé par un lance-bombe. Quarante-quatre éclats d'obus avaient pénétré dans sa chair. Pendant que le chirurgien travaillait à les extraire, il supporta des souffrances atroces sans un gémissement.

Le jour de la Victoire arriva, et les cloches sonnèrent en fête, les rues et les places se couvrirent de drapeaux.

Mais bientôt les drapeaux se replièrent en hâte, comme honteux ; et aux fanfares de joie succéda un silence funèbre et une sombre rumeur.

Que s'était-il passé ?

Quand à Paris les représentants des nations alliées s'étaient réunis pour partager les fruits de la victoire, on avait frustré l'Italie, et de cela même que lui garantissaient les accords...

Seul avec une poignée d'Arditi :

« On ne trompe pas les vivants, on ne trahit pas les morts... » cria Mussolini.

Mais sa voix était couverte par ses adversaires qui se ruaient sur les places, tiraient sur les officiers en uniforme, outrageaient les mutilés et lacéraient les trois couleurs.

Et Mussolini était seul avec une poignée d'Arditi.

Rome :

Cependant, il ne désarma pas.

Il passait tranquille au milieu des menaces de mort. La jeunesse ardente qui se pressait autour de lui et murmurait : « À Rome !... À Rome !... » attendait un signe.

Mais l'heure n'était pas venue.

Trois longues années devaient encore s'écouler, et beaucoup de sang être versé, avant que pût s'accomplir son vœu et celui de ses fidèles.

Enfin, le 22 octobre 1922, l'armée des chemises noires se mit en marche.

Et le Roi, qui avait repoussé le conseil des hésitants, permit que la nouvelle jeunesse d'Italie inondât les rues de la capitale.

Il invita le Duce à prendre le gouvernement.

Introduit en présence du Roi, le Duce dit : « Je porte à Votre Majesté l'Italie de Vittorio Veneto. »

Ce qui voulait dire : la jeunesse sacrée et sainte qui est morte pour l'Italie, et celle qui est prête à mourir pour elle.

Dans la sonorité du silence, la voix scande les paroles mystiques. J'assiste à la création du mythe ; l'innocence des choses qui naissent nous pénètre. C'est toute l'atmosphère naïve et tendre des récits bibliques qui s'évoque devant cet auditoire de petits paysans, entre les murs neufs de cette école neuve.

De l'activité socialiste de Mussolini, de sa vie hasardeuse, pas un mot. Mais il s'agit d'émouvoir et d'intéresser de très jeunes enfants ; ils passeront plus tard de la légende à une réalité orthodoxe.

J'entre dans le bureau ripoliné blanc pur du directeur. Décor officiel ; fichiers et classeurs ordonnés et stricts.

L'homme est solide, musclé ; il tient le milieu entre le paysan et l'apôtre. Toute la dignité simple du maître d'école est sur lui. On le sent solidement établi dans le domaine de ses idées et de ses croyances, et heureux d'ouvrir à ces jeunes esprits les voies de sa vérité ; il y trouve sa meilleure récompense.

Programmes, règlements, horaires en mains, il m'expose les principes qui ont inspiré, à l'aube même du Régime, la grande réforme pédagogique.

« L'homme est homme dans la mesure où il se fait lui-même », écrit Gentile, auteur de la loi de 1923 sur l'éducation populaire. « Aussi l'homme n'est-il jamais tout à fait homme, puisque son devenir ne cesse jamais. De la naissance jusqu'à la mort, il est l'enfant éternel qui, dans un développement progressif et perpétuel, dans une suite de transformations, réalise sa propre vie spirituelle. L'homme n'existe donc pas comme être quantitativement divers et opposé à l'enfant. Il n'existe que des enfants plus ou moins formés qui, dans l'imperfection relative de la vie de l'esprit, grandissent et progressent. »

Ce principe renverse toutes les psychologies précédentes où l'enfant n'est qu'un « enfant fantoche », catalogué et schématisé *a priori*, entraîné d'avance à un rythme donné sur des voies immuables.

Voyant dans l'élève l'homme à devenir, l'éducateur le considère dans une attitude de fraternité plus que de protection, d'égalité plus que de supériorité, convaincu que l'acte éducatif représente la marche commune du développement spirituel du maître et de celui de l'élève...

« Égalité, Fraternité... je fais vivre ces mots dans mes écoles, mais je ne les affiche pas sur les murs », m'a dit Mussolini.

Ces conceptions inspirent le fonctionnement et les programmes de l'École élémentaire, tels que les fixe l'Ordonnance du 11 novembre 1923. Son préambule les résume avec force et éloquence :

Les programmes qui suivent, y est-il dit, ne veulent avoir qu'un caractère indicatif. Le maître sait le résultat que l'État attend de ses efforts ; il est libre, pour l'atteindre, de prendre les voies les plus opportunes... suivant la situation concrète où il se trouve, l'ambiance scolaire, sa propre culture et les particularités de son esprit éducateur.

Ils sont tracés de façon à obliger le maître à renouveler constamment cette culture et à la puiser non dans les manuels qui ne recueillent que les bribes de la science, mais aux sources vives de la vraie culture populaire.

Ces sources sont : d'une part la tradition telle qu'elle vit, éternelle, éducatrice, dans le peuple qui saisit encore la douce saveur des paroles de ses pères ; d'autre part dans la grande littérature qui a créé, à toutes les époques, des œuvres admirables de poésie, de foi et de science, accessibles aux humbles par le fait même de leur grandeur.

Les nouveaux programmes interdisent les notions usagées qui avaient si longtemps assombri l'école enfantine ; ils exigent la poésie simple, la recherche ingénue du vrai, la recherche agile de l'esprit populaire, inquiet et jamais las des « pourquoi », le ravissement dans la contemplation des tableaux lumineux qu'offrent l'art et la vie, la communication avec les grandes âmes, rendues vives et comme présentes à travers les paroles du maître.

Ces programmes s'appliquent non seulement au domaine des exercices qui constituent l'étude proprement dite, mais aussi à celui des « occupations récréatives » par lesquelles le maître interrompra opportunément les leçons.

Le maître trouvera peut-être difficile, avec de tels programmes, de préparer une tâche quotidienne ; mais il expérimentera bientôt avec quelle divine facilité on peut les suivre, quand ils ont été préparés avec amour. Par contre, s'il se borne aux interrogatoires schématiques, aux notions squelettiques, à la lecture triturée et inexpressive, en résumé aux artifices habituels et plus ou moins mécaniques qui font si souvent mépriser l'école élémentaire, traitée de petite école (*scoletta*), et considérer l'instituteur comme un rouage social inférieur ; si, en un mot, il n'est qu'un pédant répétiteur, alors la vie spirituelle se détournera de lui : elle affluera chez l'enfant et se manifestera sous ces formes inconscientes et irrésistiblement défensives qui lui sont propres : l'inapaisement et la turbulence.

Chaque maître doit découvrir en lui-même, comme une règle vivante, les éléments de la méthode à suivre, aidé en cela par l'étude des auteurs qui ont médité sur l'éducation, relaté leurs expériences spirituelles, ou produit des œuvres intéressantes pour les enfants... Pardessus tout, le maître perfectionnera son propre effort didactique en participant, avec toute son âme, à la vie de son peuple ; en écoutant sans jamais s'en rassasier les grandes voix qui ont déjà bercé ses années d'études professorales ; en cherchant de nouveaux guides pour son esprit dans de bons livres qu'il n'a pas encore lus, ou mal lus, ou insuffisamment pénétrés. C'est ainsi qu'il parviendra à se rendre et à se sentir meilleur, et portera dans l'école l'écho vibrant de ses études.

Que le maître des petits enfants ne craigne pas de s'attaquer aux grandes œuvres ; qu'il ne redoute pas que son enseignement en puisse être alourdi et rendu « difficile ». Rien ne donne mieux au maître, en présence des enfants, la conscience de ses propres limites que l'étude des livres les plus ardus et les moins périssables. Seules la demi-culture, les lectures médiocres, l'acquisition fragmentaire et superficielle du savoir peuvent le conduire à se contenter d'un vaniteux étalage de doctrine et à gâter ses leçons avec des condiments du plus mauvais goût.

Les plus grands auteurs sont toujours les plus simples. Et justement quand ils s'épuisent en âpres montées vers les sommets de la pensée, et que celui qui les contemple d'en bas éprouve comme un sentiment d'inquiétude et de vertige, c'est alors qu'ils te font clairement comprendre quelles difficultés rencontre l'enfant à ses premiers pas, et t'inspirent une patience plus affectueuse encore.

Qu'ils te laissent toujours au cœur l'aspiration vers les hauteurs, et ainsi une simple leçon dans une école élémentaire sera déjà comme une première marche vers les sommets. Et seul celui qui passe de la compagnie spirituelle des meilleures âmes humaines à celle des plus humbles et des plus petits sent qu'il ne s'est pas abaissé ; seul il peut parler avec une âme vraiment religieuse, quel que soit l'objet de son enseignement, quel que soit l'âge de ses disciples.

Sur de telles bases, les programmes des matières enseignées au cours des six années (une classe préparatoire, sorte de jardin d'enfants, et cinq classes proprement dites) qui constituent, de six à douze ans en moyenne, le cycle de l'école élémentaire, sont établis avec une grande souplesse et sans limites arbitraires. Rappelons à ce propos que cette école est une école unique, obligatoire, commune à tous les élèves. Il n'existe pas dans les lycées de classes élémentaires.

L'obligation scolaire, durant jusqu'à la quatorzième année, dépasse par suite de deux à trois ans le stade de l'école élémentaire. C'est donc obligatoirement qu'à la sortie de celle-ci les élèves devront entrer dans une des deux branches de l'Instruction du deuxième degré et s'orienter soit vers l'école secondaire (enseignement classique), soit vers l'école professionnelle (enseignement technique).

La Religion vient en tête des programmes élémentaires ; elle est enseignée dans toutes les classes ; nous verrons plus loin le rôle spécial qui lui est dévolu — ou toléré — dans l'éducation fasciste.

Puis vient l'« *Enseignement artistique* », qui comprend les trois domaines du chant, du dessin et de la récitation. Dans la classe préparatoire, le chant est purement récréatif ; en première et deuxième, des exercices d'intonation et de rythme se mêlent aux chœurs ; dans les classes supérieures s'ajoutent l'enseignement du solfège, la pose individuelle des voix.

Pour le dessin (et son annexe la calligraphie), j'ai dit déjà le rôle primordial qu'il joue dans le nouveau système : le dessin libre, spontané, est considéré comme la meilleure école d'observation, le meilleur mode d'expression et d'initiation à l'art. Dans les différentes classes à partir de la première, des règles précises et nuancées à la fois permettent d'éveiller et de développer progressivement chez l'enfant l'observation, la mémoire visuelle, le sens des couleurs ; de dégager en même temps et avant tout la personnalité artistique de l'élève. Les méthodes employées, qui dérivent de la méthode Montessori, sont profondément originales, et il vaut la peine de s'y arrêter.

En première et en deuxième classes, le programme comprend huit parties :

I. — Discerner chez chaque élève le degré d'intuition et d'observation ; les classer.

II. — Exercices portant sur les trois couleurs principales (jaune, rouge, bleu). Recherche et traitement du daltonisme.

III. — Mêmes exercices pour le vert, l'orange et le violet. Indication des correspondances avec les couleurs précédentes.

IV. — Formation de l'échelle des couleurs.

V. — Concentration de l'observation sur des objets simples, dessin de mémoire. Nouveau classement des élèves d'après l'activité intuitive et l'intelligence.

VI. — Reproduction par découpage d'objets blancs et colorés.

VII. — Premiers éléments de technique du dessin : pose du corps et de la main, utilisation du cahier et du crayon.

VIII. — Contemplation d'œuvres d'art, présentées en reproductions en couleurs et en projections lumineuses.

Il est, entre autres, recommandé au maître : de ne pas exposer les dessins pour qu'aucun souci extérieur n'en vienne gâter l'ingénuité ; d'encourager le dessin en famille comme remède au mauvais temps ou à la mauvaise humeur ; de ne jamais toucher aux essais des enfants ; d'accepter « avec une curiosité pleine d'amour » toute tentative spontanée de dessin, d'y trouver toujours quelque chose à louer.

Dans les troisième et quatrième classes, le programme comprend l'étude toujours plus poussée des formes, des positions, des couleurs ; le dessin à grands traits ; des essais de composition de couleurs et de nuances diverses ; le dessin d'après nature sur des modèles simples ; de petites esquisses à main libre (plans de maisons et de quartiers, cartes...), des concours de mémoire visuelle. L'observation des œuvres d'art donne lieu ensuite à de faciles descriptions écrites, où l'on s'attachera surtout aux impressions de lumière ; exercice auquel on attribue une grande importance, « comme à un correctif utile au traditionnel devoir de rhétorique ».

Dans les classes supérieures, aucun programme défini ne limite le maître : il doit avant tout rechercher, dans le dessin de l'élève, l'initiative et le goût...

L'enseignement artistique comprend enfin, dans toutes les classes, la récitation. À noter qu'elle n'est pas un simple exercice de mémoire ; elle se propose également de développer chez l'enfant les « gentilles manières », et même le goût du théâtre. Les élèves font des récits « expressifs », interprètent de petites « comédies » (mais pas plus de deux fois par an, décrète prudemment le législateur).

Devant un tel programme, faut-il rappeler, pour établir la comparaison avec d'autres systèmes, que c'est à l'école primaire qu'est ainsi donné en Italie — et à chaque enfant — un enseignement d'art d'une telle qualité, d'une telle profondeur, d'une pareille valeur technique ?...

Passons aux autres matières, plus habituelles, du programme :

Dans *l'Enseignement de l'italien*, on a supprimé l'ancienne composition à sujet imposé. On ne demande plus aux élèves l'invention rhétorique, mais le journal de la vie. Ils le rédigent sous forme de compositions mensuelles ou annuelles et on obtient ainsi de véritables petits traités où l'on voit évoluer et se préciser au cours du mois ou de l'année un sujet intéressant de leur choix... Il est le plus souvent emprunté à la nature et à la vie de la campagne, dont la pédagogie nouvelle cherche toujours à rapprocher l'enfant comme de son milieu naturel. Ce sera l'histoire du jardin, du poulailler, d'un arbre en fleurs ou en fruits ; on dira les travaux, les croissances, les résultats... Le cahier d'italien devient ainsi un journal personnel primesautier qui évoque la famille, les promenades, les jeux, qui grave de petits tableaux naïfs de la vie rurale, qui raconte des histoires de bêtes et de gens, qui peint des scènes de la rue ; et tout cela spontanément, librement.

Il se double d'ailleurs d'un véritable journal de l'École que doit tenir tout élève ; celui-ci y notera au jour le jour ses souvenirs et ses impressions scolaires, y fera part de ses préférences, de ses désirs, voire même de ses critiques ; à travers ces jugements enfantins et sans artifice, le maître trouvera un chemin de plus vers le cœur et l'esprit du disciple.

On a aussi accordé par un régionalisme intelligent une place privilégiée à l'étude du folklore et du dialecte, celui-ci jouant le rôle d'étape vers la langue littéraire. On s'intéresse aux modes d'expression de l'art populaire, surtout dans le domaine poétique ; on substitue à l'étude abstraite de la grammaire l'étude concrète de la langue et du dialecte comparés.

Arithmétique, géographie, histoire occupent ensuite le programme, les deux dernières pour les quatrième et cinquième classes seulement. L'histoire insiste naturellement sur la Grande Guerre et l'œuvre du nouveau régime qu'elle rattache adroitement aux souvenirs de la grandeur romaine ; son enseignement est cependant exempt, au contraire de certains pays, de toute tendance purement agressive ou exagérément chauvine.

Sous l'appellation « *Notions diverses* » pour les trois premières classes, « *Sciences physiques et naturelles, Hygiène organique* » pour les deux supérieures est organisé l'enseignement proprement dit des sciences appliquées. Celui de l'hygiène y tient une large place sous toutes ses formes : propagande de la propreté, prophylaxie théorique et pratique, conférences sur les divers fléaux sociaux, science du jeu (« l'enfant qui ne sait pas jouer risque sa santé »), hygiène sportive, secours d'urgence, organisations sanitaires, visites d'établissements hospitaliers et industriels... La propreté dans l'école est d'ailleurs l'objet des soins attentifs du maître ; on lui rappelle « qu'il s'agit là d'une des choses les plus importantes, et qu'aucun talent didactique ne pourrait l'absoudre du tort extrême de laisser sans sanctions des mains, des visages, des cheveux sales... » Chaque matin, avant même la prière, l'instituteur passe une inspection minutieuse ; les élèves les plus propres sont inscrits sur un tableau d'honneur...

Dans la cinquième élémentaire sont données des notions générales de *Droit et d'Économie* : institutions politiques et administratives, justice, sanctions, obligations civiles et commerciales, finances, lois sociales...

Une catégorie spéciale du programme traite pour les filles des *Travaux féminins*, couture, broderie, soins du ménage, cuisine, hygiène infantile... Ces travaux font partie intégrante de la formation spirituelle de l'écolière ; « ils doivent apporter le calme et l'apaisement aux périodes troublées de l'adolescence ».

Nous arrivons enfin aux « *Occupations intellectuelles récréatives* », une des applications les plus originales de la pédagogie nouvelle, dans laquelle le divertissement prend lui-même une valeur éducative. Ces séances, qui tiennent dans le programme une place comparable à celle de l'enseignement scientifique ou historique, sont occupées par des narrations libres, des concours de diction, ou « du plus beau récit », des histoires ou légendes régionales, des chansons, des danses : le tout en italien ou en patois ; par des jeux d'esprit du genre dit « de société » : devinettes, rébus, puzzles, portraits, petits papiers…, curiosités arithmétiques et scientifiques ; par des récits d'histoire, de géographie ou d'économie inspirant de libres discussions.

C'est sur ces occupations séduisantes que se termine ce programme bien tassé. On s'étonne qu'on puisse en venir à bout sans dépasser vingt-cinq heures de travail hebdomadaire. C'est ce qui ressort pourtant du tableau ci-dessous, qui donne une idée de l'importance relative attribuée aux matières diverses, et fournit un type moyen d'horaire :

Matière	Nombre d'heures par semaine					
	Classes					
	Prép.	1re	2^e	3^e	4^e	5^e
Religion	1	1 1/2	1 1/2	2	2	2
Enseignement artistique (chant, dessin spontané, calligraphie, récitation)	4	2 1/2	2 1/2	4	5	5
Langue italienne (lecture, écriture, exercices)	-	7	6	5	5	4
Orthographe	-	-	2	2	-	-
Arithmétique, dessin géométrique, comptabilité	-	4	4	4	3	3
Notions diverses et occupations intellectuelles récréatives	6	4	4	4	1	1
Sciences physiques et naturelles, hygiène organique	-	-	-	-	2	2
Histoire et géographie	-	-	-	-	3	3
Notions de droit et d'économie	-	-	-	-	-	1
Jardinage, travaux manuels, travaux féminins, gymnastique et jeux, culture physique	24	6	5	4	4	4
Total	35	25	25	25	25	25

★
★ ★

… Au cours de ce long exposé, le Directeur a surtout laissé parler textes et manuels. Maintenant, avec une passion calme, il juge et commente ; cet instituteur-paysan est rempli d'amour, cimenté de certitude. Conscient du rôle important qu'il joue dans l'œuvre nationale, il apporte à sa tâche l'âme d'un apôtre ; c'est un peu du respect dû au sacerdoce qui entoure dans l'Italie d'aujourd'hui le maître d'école si discuté dans d'autres climats.

Il parle, et son imagination met de la lumière autour de lui. « Comme vous le voyez, dit-il, la conception statique et dogmatique de l'enseignement est abolie. Nous ne voulons plus de didactique abstraite, de mépris des réalités, de culture desséchante de la mémoire. L'essentiel chez l'enfant, c'est la qualité de l'étude, l'expression libre de la puissance créatrice spontanée. Nous voulons qu'il découvre les lois et les principes avec une certitude aussi personnelle qu'il découvre la forme et la couleur d'un objet, d'une plante ou d'un animal. Nous considérons la vie de l'école comme une collaboration du maître et de l'élève : celui-ci n'est pas l'imitateur, mais l'observateur et parfois le juge… Ne sommes-nous pas, les uns et les autres, les ouvriers d'un même chantier, appliqués à créer une œuvre commune ?

« Ce qui compte pour nous, c'est la sincérité éducative, et nous la recherchons sous toutes ses formes. Tenez : j'ai donné récemment dans ma classe de cinquième ce sujet de composition libre : "L'école comme je la voudrais"… Quelques réponses sont caractéristiques. Voici celle du jeune Miri (12 ans) :

Je voudrais que la classe durât cinq heures ; qu'en première on nous enseignât à lire, à écrire, à bien tenir la plume et à lire l'heure — ainsi que les prières et les courses à pied. En seconde, les opérations, la table de Pythagore, l'histoire, les fables, mais aussi des récréations. Je voudrais faire des sauts de lévrier… En troisième, l'étude de la terre, la géographie, les sciences et l'histoire. En quatrième, grimper aux mâts et aux cordages, faire de la gymnastique et du football. Enfin, en cinquième, deux heures de bicyclette, deux d'histoire ou de fables, une heure de récréation… En première professionnelle, je désire apprendre un métier pour gagner mon pain, en troisième "technique", faire le chauffeur et l'aviateur. Et après que tout fût fini. Si l'école était ainsi, j'irais bien volontiers…

« Avouez que ce programme du jeune Miri est étonnant de modernisme. Les pédagogues ne font que répéter : mythes, imagination… et notre garçon réclame des fables et de l'histoire. On demande de la gymnastique, du sport : lui précise bicyclette… Il n'admet la religion qu'en première ; le voici en parfait accord avec la philosophie de Gentile qui juge que la religion est une philosophie mineure à l'usage des enfants, un "moment historique" correspondant à l'enfance… »

Je feuillette au hasard le recueil des compositions, et je tombe sur cette réponse de l'élève Car : « Comme je serais content, dit-il, si les maîtres étaient commandés par les enfants. » Je m'étonne de cet esprit anarchique et révolutionnaire qui demande si ouvertement la révision des valeurs.

« Que lui avez-vous dit ?… demandé-je.

— Je lui ai dépeint, me répond le directeur, la joyeuse vie qui naîtrait de l'application de ses théories : je lui ai décrit avec force l'allégresse de "l'ordre nouveau", insufflé l'euphorie des utopistes… Puis je l'ai prié de se représenter tous les élèves sur la chaire et le maître sur les bancs. La chaire sera insuffisante et les bancs trop nombreux : il faudra construire beaucoup de chaires et laisser un seul banc. "L'école se reconstitue ainsi d'elle-même sans que tu t'en aperçoives." Les élèves donneront "au maître" leçons et devoirs ; mais le maître sait toutes les leçons et a fait tous les devoirs… Que faire ? "Remettre les choses en place, avoue l'élève Car ; le maître *fara da maestro*', et les élèves retrouveront leurs bancs." »

Le directeur conclut :

« Nous entraînons l'élève, nous l'aidons à se réaliser et à se dépasser. Nous avons une conception optimiste de la vie et nous croyons que chaque créature peut faire d'elle-même un chef-d'œuvre. Nous avons ouvert les fenêtres sur la vie, nous voulons faire éclore et libérer les âmes. Notre régime scolaire apporte aux enfants les dons magnifiques de la sensibilité religieuse et d'une atmosphère morale à température élevée. Notre jeunesse ne connaît plus le désert de l'adolescence, elle vit plus avec ses semblables, et communique mieux avec eux. À l'intérieur du fascisme, dans la certitude permanente qui en est l'expression même, elle aborde la vie sans inquiétude et sans désarroi. »

★
★ ★

L'enfant qui sort de cette école élémentaire et va préparer sa carrière dans l'école secondaire, et celui qui va apprendre son métier futur à l'école professionnelle, possèdent l'un et l'autre une solide autonomie personnelle. On leur a montré à juger les choses d'après leur propre expérience, à se méfier des systèmes arbitraires. Cette éducation est une libération.

L'enseignement religieux arrive à point pour freiner cet individualisme et cette exaltation du moi.

La religion, que d'autres régimes combattent ou ignorent, le fascisme trouve plus adroit de l'annexer et de la diriger. C'est d'ailleurs là un point délicat. Ces défenseurs de la religion ne sont pas tous religieux ; cependant ces apologistes de peu de foi respectent la part de Dieu et celle de César. La religion est acceptée comme un fait et utilisée comme une éthique.

« Le Pape et moi sommes faits pour collaborer, dit Mussolini. Je m'occupe des vivants, le royaume du Pape est celui des âmes. Voyez comme cela s'arrange bien. Je prends l'homme à sa naissance et je ne l'abandonne qu'au moment de sa mort ; il appartient alors au Pape de s'en occuper. »

Le fascisme gardera donc les vivants, l'Église recueillera les morts. La religion sera fasciste ou elle ne sera pas : elle devient un instrument de civilisation et d'État.

Sur cette base s'établit une paix faite de nuances et de *combinazione*. Fascisme et catholicisme font aujourd'hui bon ménage ; leurs principes, leurs mystiques s'affrontent sans se heurter. L'Église, souple, vieille, tenace, est entrée dans le cadre neuf du Régime, elle demeure la seule organisation non fasciste tolérée dans le pays. On a fermé ses patronages, l'Action catholique est mise en sommeil, les écoles libres disparaissent : 172.528 élèves dans les écoles libres contre 4.544.388 élèves dans les écoles de l'État. L'Église a gardé les rites, les cérémonies, les œuvres purement paroissiales, mais elle a perdu la jeunesse.

« L'État n'est pas une théologie, mais une morale, a dit encore le Duce. Dans l'État fasciste, la religion est considérée comme une des manifestations les plus profondes du spirituel ; elle ne doit pas seulement être respectée, mais défendue. L'État fasciste ne crée pas un Dieu, comme a voulu le faire Robespierre dans les dernières folies de la Convention ; il ne cherche pas non plus, comme le bolchevisme, à l'effacer des âmes. Il respecte en Dieu l'inspirateur des ascètes, des héros et des saints, et aussi Dieu tel que le voit et l'invoque le cœur ingénu et primitif du peuple. »

Aussi la religion est-elle mise à la base des études élémentaires. Il est prescrit aux maîtres de faire chanter les chants religieux, d'entretenir le culte des grands soldats de la foi, et plus particulièrement des saints italiens et locaux. Ils devront s'efforcer de dégager de la religion une morale et une attitude devant la vie et la mort. « Que l'enseignement religieux se conforme à l'esprit qui anime l'œuvre religieuse de Manzoni ; amour et crainte filiale et non point terreur servile. Que le sens du divin et de la Providence soit élevé dans les cœurs surtout par la contemplation de l'harmonie des choses et de la vie morale, non pas tant définie par des aphorismes et des règles qu'incarnée dans de grandes et humbles figures de croyants. »

Les parents peuvent, s'ils le désirent, faire exempter leurs enfants de l'enseignement religieux. Mais le fait est rare : un élève sur cinquante dans ma classe, m'a dit Mlle P..., maîtresse de quatrième dans le quartier populeux du Transtevere.

Est-il besoin d'ajouter qu'on entoure aussi de soins extrêmes l'enseignement patriotique ?... Sous des aspects toujours simples et frappants, les livres, les programmes, les exercices, le chant, les lectures, les dessins évoquent les fastes de l'histoire italienne, glorifient l'armée nationale, rendent sensibles les progrès les plus techniques, créent déjà autour de l'enfant l'ambiance militariste et nationaliste qui fera le Balilla et l'Avant-guardiste de demain.

★
★★

La pédagogie fasciste est une synthèse plutôt qu'une création. Les réformateurs de 1923 ont unifié les tendances libérales qui existaient dans les pédagogies antérieures. Ils ont introduit habilement, souplement, leurs idées personnelles dans les cadres déjà établis.

Un tel système ne va-t-il pas à l'encontre de l'éducation familiale ? Ne cherche-t-il pas à mettre la main sur l'enfance et à la soustraire à l'influence traditionnelle du milieu ? On lui a fait souvent ce reproche. Mais l'ancien instituteur, monté en grade, et qui a courbé tout un pays sous sa férule, a déjà répondu : « Dire que l'instruction appartient à la famille, c'est perdre de vue la réalité contemporaine. La famille moderne, âprement sollicitée par les nécessités économiques, est engagée quotidiennement dans la bataille de la vie ; elle ne saurait instruire personne. Seul l'État, avec tous les moyens dont il dispose, peut suffire à une pareille tâche. »

Le Fascisme substitue son éducation, son éthique et sa mystique à l'ancienne éducation bourgeoise et à la vieille morale familiale. Derrière une façade adroitement camouflée de conformisme, pensée et morale bourgeoises se meurent.

Unique, l'École est au centre de la Nation et du Régime. Dès l'enfance, riches et pauvres s'y coudoient et pendant cinq ans recevront le même enseignement, subiront le même traitement ; toute leur vie ils garderont la marque de cette éducation égalitaire.

On semble même par principe, dans cette communauté, vouloir honorer l'enfant le plus pauvre ; sa place est marquée auprès du premier de la classe, et c'est à ses côtés que s'assied, dans une école de Rome, le propre fils de Mussolini.

Démocratique, vivant, réaliste, un tel enseignement enracine chez l'enfant, dans une atmosphère religieuse et patriotique, les dogmes fondamentaux du fascisme.

★
★ ★

Ma promenade dans cette usine où l'on fabrique en série une jeunesse nouvelle est terminée.

Je jette en partant un coup d'œil sur les jardins scolaires ; les tout-petits ont la charge d'un carré collectif ; les grands cultivent pour leur propre compte. Quelques légumes, quelques fleurs sont soignés, sarclés, arrosés avec zèle. Nouvelle forme, agreste et poétique, pratique toujours, de l'émulation. Nouveau rappel de la campagne et de la nature, centre suprême de l'intérêt dans les écoles du nouveau régime.

Je rentre à Rome ; et, chemin faisant, je lis dans le livre de lecture de la cinquième élémentaire l'histoire du Balilla Vittorio. Ce récit est devenu, dans toute l'Italie, classique et orthodoxe. C'est un document symbolique au plus haut point des vues et des moyens de la pédagogie fasciste.

En voici un résumé :

Le héros est un enfant, Vittorio Balestieri, né à la fin de 1918, et qui doit son nom à la victoire. Son père Giacomo et son oncle Francesco ont connu le mauvais temps de l'Italie d'avant la guerre. Ils avaient à Castelgiorgio, près d'Orvieto, un bien qui eût suffi à les faire vivre. Mais ils étaient orphelins et le bien a été mal administré. Francesco, plus hardi, est parti pour l'Argentine, où il a beaucoup souffert, mais où il a fini par posséder une exploitation rurale, une « *hacienda* ». Giacomo est entré dans l'administration de la commune, dont il est devenu secrétaire. Les deux frères se sont presque perdus de vue. Un voyage de Francesco en Europe, dans l'été de 1914, ne les rapprocha point. Francesco eût voulu que son frère émigrât comme lui et le rejoignît à Rosario ; Giacomo eût voulu que son frère revînt en Italie et employât l'argent gagné à remettre en état le bien de famille, le Monticchio, qu'il avait fallu louer. Aucun des deux n'osait parler et le désaccord s'aggravait en silence. « Les sentiments de ces deux frères étaient communs à tous les Italiens d'alors, qu'ils soient demeurés dans la Patrie ou qu'ils l'aient abandonnée, les uns comme les autres toujours amers et inquiets, comme une famille persécutée par le mauvais destin. » Mais l'année suivante, quand la guerre éclata, Giacomo étant parti au front comme sergent d'artillerie de campagne, Francesco télégraphia : « Je viens. » « C'était le bon sang italien qui répondait. » La guerre unit les deux frères que la paix avait divisés. Francesco retourna en Amérique, mais seulement pour réaliser sa fortune. Il envoya de l'argent pour racheter deux domaines, jointifs du Monticchio. Et il revint lui-même en 1920.

Quelles ne furent pas sa surprise et sa colère en trouvant son pays en pleine anarchie ! À l'entour, la guerre était reniée, la victoire oubliée, la campagne agitée d'une rébellion perpétuelle qu'on savait plus grave encore dans les villes où l'autorité n'existait plus. Il reprit sa chemise noire d'*ardito*, il réunit avec son frère quelques compagnons d'armes. Ils prirent part à la Marche sur Rome, dans la colonne ombrienne.

On pense bien que les enfants de Giacomo suivront toute la filière du parti, où les enfants sont d'abord Balillas de six à quatorze ans, puis Avantguardistes de quatorze à dix-huit ans, jeunes fascistes jusqu'à leur service militaire, fascistes enfin, avec tous les devoirs d'obéissance et de service, jusqu'à soixante-cinq ans. Comme Balilla, Vittorio fait une marche avec ses camarades jusqu'à Orvieto, où un général de la milice les passe en revue, les harangue et élève dans ses bras le plus vigoureux. Le Dôme est le sujet d'une leçon que vient leur faire un professeur : « Ceux qui ont eu l'idée d'une église si grande et si belle n'ont guère pensé à eux, qui ne la verraient jamais, mais beaucoup à leurs fils et aux fils de leurs fils jusqu'à nous qui aujourd'hui en avons la jouissance et la garde, afin qu'elle demeure intacte pour les siècles suivants, et qu'elle reste l'orgueil d'Orvieto et de l'Italie. Et c'est ainsi que vous devez penser vous aussi, c'est ainsi que nous devons tous agir, non seulement pour nous-mêmes, mais pour tous ceux qui viendront, parce que seulement ainsi se font les grandes et belles œuvres. » — Le Palais de la Capitainerie du Peuple est le sujet d'une autre leçon, donnée par le jeune général de la Milice. « Il y a huit siècles, dit-il, l'Italie était pleine de palais semblables, de tours et de campaniles. C'était une Italie divisée et jalouse ; les conflits et les guerres se perpétuaient entre les cités. Mais aujourd'hui vous qui, partout où vous vous réunissez, en Lombardie comme en Sicile, en Ombrie comme dans les Abruzzes, avez le même uniforme, la même discipline et chantez les mêmes chants, vous pouvez dire à ces monuments d'un passé glorieux que, depuis la Victoire et la Marche sur Rome, l'Italie est tout entière unie. »

Le livre commence au moment où l'on bat le blé, dans un décor de *Géorgiques*. Nous assistons à la première pluie après la sécheresse. On nous rappelle l'émulation ordonnée par le Duce, et les prix fondés pour accroître le rendement du blé à l'hectare. C'est Francesco qui parle à l'un de ses métayers : « Le Duce veut qu'il y ait assez de quintaux du grain de notre terre pour la bouche de tous les enfants que Dieu envoie aux Italiens. Auparavant nous allions travailler les terres lointaines, comme j'ai fait quand je suis allé en Argentine ; et pendant ce temps, en Italie, il fallait donner de l'or pour payer le blé qui venait de ces pays. Aujourd'hui, nous ne sommes plus traîtres à notre terre et à nous. Le blé est pour la bouche de nos fils, et les bras de nos fils sont pour le pain de notre terre. » — Cette politique de la terre, cette bataille du blé sont rappelées cent fois dans le livre et expliquées encore dans un appendice. À Assise, Francesco retrouve un ancien compagnon d'armes, devenu Frate Domenico. Le religieux raconte comment le couvent a été restitué à l'Ordre par le Duce ; comment, pendant l'année du centenaire de saint François, ce fut à Assise qu'un légat du Pape salua pour la première fois un ministre de l'Italie fasciste ; comment le Duce a voulu que la fête de saint François fût une fête nationale ; comment il a choisi cette date pour commencer les négociations qui ont abouti à la réconciliation de l'Église et de l'État, et l'a marquée sur la première lettre qu'il ait écrite à ce sujet : « 4 octobre 1926, fête nationale de saint François ». Frate Domenico rappelle encore comment le saint italianissime a vécu en communion avec la terre, comment il a voulu et veut encore que les hommes reviennent à ces biens de Dieu, qui peuvent appartenir à tous. « Quand le Duce a dit qu'il fallait retourner à la terre au lieu de s'enfermer dans les villes, nous avons entendu se répéter dans sa voix une grande parole italienne, non seulement de sain travail, mais de rédemption. » — Ainsi parle le franciscain fasciste et saint François est avec le Duce.

Cependant, le père de Vittorio est appelé à Rome par un compagnon d'armes (la fraternité des anciens soldats apparaît dans tout le livre) pour travailler avec lui à l'assainissement des Marais pontins. Ce sera l'occasion d'expliquer aux jeunes lecteurs le détail de cette grande œuvre. Au surplus, l'équipement de l'Italie moderne tient une grande place dans les connaissances enseignées aux enfants. S'ils montent en chemin de fer, on leur explique ce que sont les usines Breda et les usines Ansaldo, dont les locomotives portent les noms. Autrefois, l'Italie était, pour ses machines et ses wagons, tributaire de l'étranger ; aujourd'hui, elle est maîtresse chez elle, en tout ce qui concerne le transport : locomotives à vapeur ou électriques, automobiles, aéroplanes. — De même, à Naples, on leur fera admirer l'*Augustus* avec ses trois ponts. On leur expliquera la triste concurrence que se faisaient autrefois bateaux italiens et bateaux étrangers pour le transport des émigrants. Mais tout cela est changé. « L'Italie de Mussolini retient ses fils pour le travail italien, et elle a une flotte puissante et nombreuse qui transporte à travers les mers des gens de tous pays... Et c'est une flotte italienne non seulement de pavillon, mais de construction ; navires construits par des ingénieurs et des ouvriers italiens, sur des chantiers italiens... navires beaux, rapides et forts autant que les navires anglais, qui étaient les plus réputés du monde. »

Comme la famille ne doit pas être divisée, Vittorio et ses frères viennent aussi à Rome. Vittorio suit la cinquième élémentaire à l'école Riccardo Grazioli, via Tevere. Comme Balilla, il prend part à la revue du 28 octobre. Il tient comme tous les élèves son journal illustré de dessins, mais il le tient assez mal, car ce personnage principal du livre est paresseux, distrait et orgueilleux : ce qui est une occasion de nous entendre recommander cette simplicité, cette droiture et ce zèle qui sont les vertus fascistes. Nous assistons au dialogue du maître et des enfants. « Quand le Duce est passé devant nous, dit le maître, vous avez crié : *A noi !* Vous devez savoir que c'est la promesse d'être toujours prêts, à tous moments, mêmes seuls et quand vous ne vous y attendez point. » Et il demande à chaque enfant ce qu'il voudrait que Mussolini lui commandât de faire. « Quand je serai ingénieur, un grand pont d'une seule arche », dit l'un. « J'attends qu'il me commande, comme à mon père qui est préfet, de faire le bien de la province », dit l'autre. « Je serais content qu'il me commandât déjà, dit un enfant pauvre, parce que j'étudie, mais je ne sais encore ce que je pourrai faire. » Un certain Lesighi se promet d'être officier et d'obéir toujours. Vittorio se souvient des idées de son oncle Francesco et promet d'accroître le rendement du blé. Mais la meilleure réponse est celle d'un rude Sicilien : « Je voudrais qu'il me commandât quelque chose à l'improviste, et le faire bien. »

★
★ ★

La voie Appienne s'approche — mais je ne retrouverai pas aujourd'hui entre les tombes qui bordent sombrement la route orgueilleuse son atmosphère romantique de gloire éparse, de paix humaine et de nostalgique splendeur. Le Balilla Vittorio et ses compagnons, et avec eux l'ardente phalange des écoliers d'Italie, ne me parlent plus que d'amour de vivre...

CHAPITRE V

L'ENFANCE MALHEUREUSE
LES ŒUVRES DE REDRESSEMENT MORAL

À deux pas du corso Victor Emmanuel, le Campo de' Fiori est resté un des centres les plus vivants et les plus pittoresques de la Rome populaire. Fleurs et légumes débordent des éventaires où se heurte le flot incessant d'une foule bigarrée ; toutes les odeurs du printemps, toutes les couleurs de l'été s'y donnent rendez-vous. Mais c'est aussi un marché aux puces sordide et magnifique, plein de faux tableaux, de souliers éculés, de défroques de tous les temps, de perruques hors d'âge, de robes du soir fripées, d'animaux vivants mais soldés, de chemises noires d'occasion…

Au sortir de ce grouillement, la place Farnèse apparaît comme figée dans sa majesté diplomatique. Je pénètre dans un palais seigneurial et sombre. Au haut d'un escalier sonore, un huissier moustachu, sans uniforme, m'introduit dans une salle basse, à charpente médiévale, où siège le Tribunal d'enfants.

Derrière une table rectangulaire, trois messieurs en civil sont commodément installés. À droite et à gauche, feuilletant des dossiers, les avocats, les dames déléguées de l'Œuvre de la Maternité et de l'Enfance, les parents ou tuteurs des accusés : pas de gendarmes, aucun public, aucun appareil solennel ; l'atmosphère est simple, familière et bienveillante.

Un interrogatoire est en cours. L'accusé, garçon blond paille de seize ans, banalement gentil, est assis sur une chaise face aux juges. Il a l'air timide et embarrassé, et triture un vieux béret poilu dans ses mains maladroites. Ses yeux troubles et misérables regardent dans l'espace ou se posent parfois furtivement sur la silhouette tassée de son père, vieux campagnard ridé qui suit les débats avec une ardeur inquiète.

Gino est accusé, me dit à mi-voix ma voisine, d'avoir attiré deux petites filles de sept et neuf ans dans un bois des environs de Viterbe, un soir d'été, de les avoir effrayées et malmenées... Les enfants se sont enfuies en pleurs, les mamans se sont affolées, on a cru à une tentative de viol ; les pères ont porté plainte, et l'affaire a son dénouement devant le tribunal.

Le magistrat interroge l'accusé avec gentillesse. Celui-ci raconte simplement qu'il passait à motocyclette, que les petites ont voulu monter sur sa machine et l'ont suivi dans les bois ; qu'agacé, il les a un peu bousculées ; qu'elles ont pris peur et sont parties en hurlant. C'est là tout — et ce récit sonne vrai.

« Introduisez les accusateurs », ordonne le président. Le gros huissier à moustaches sort et revient, flanqué d'une petite fille de sept ans, qui trottine à ses côtés et vient se planter docilement devant les juges. Elle ouvre des yeux noirs effrayés dans un rond visage hâlé, sous le foin emmêlé de ses cheveux pleureurs et raides. Elle parle tout bas ; la petite voix chétive gémit et se perd. « Nous ne comprenons rien », doit constater le président qui se décide à résumer la déposition du témoin minuscule. « En somme, tu as voulu voir la moto de Gino, tu t'es approchée avec Andrea, et Gino t'a renvoyée un peu brusquement... — Et j'ai eu une grosse peur », pleurniche l'enfant... « Et tu as eu une grosse peur... »

La petite fille est repartie, délivrée. L'avocat de Gino se lève, rajuste ses manchettes, nous foudroie de ses yeux de braise et commence sa plaidoirie. Il ne déclame pas, il parle simplement, avec un ton persuasif et gentil. Il nous montre Viterbe à l'heure du *tramonto*, et l'ombre descendant sur les collines et les pinèdes. Il peint la scène : les petites curieuses, indiscrètes, persécutant le bon Gino pour monter sur sa motocyclette, pour jouer avec la grosse bête rapide et brillante. Gino, brave garçon, rural un peu simple, s'énerve, menace, tend le poing vers les petites quémandeuses. Celles-ci s'enfuient terrorisées, parviennent au village, et là, tremblant sur leurs jambes, claquant des dents, racontent leur aventure, à grand renfort de détails, aux mamans assises sur le pas des portes dans les ruelles à l'odeur de friture et d'ail. Celles-ci s'indignent ; les voisines font chorus ; les têtes travaillent et la rumeur grossit. On se rappelle précisément que l'an passé, dans le même bois, deux enfants ont été violées ; et quand surviennent les pères, le mirage collectif a opéré ; à la fin de la veillée, tout le village est convaincu du crime de Gino ; et les familles portent plainte.

En pendant à ce cas d'hallucination villageoise, le défenseur brosse un tableau édifiant de l'enfance pacifique, sans peur et sans reproche, de son jeune client. Famille « *onestissima* », sans alcoolisme et sans tares ; une atmosphère de probité et d'honneur entoure le modèle des écoliers... Gino n'est-il pas d'ailleurs Avantguardiste ? N'a-t-il pas été cité à l'ordre du jour de l'O.N.B. pour « avoir sauvé ses deux cousins qui se noyaient ? »... L'*avvocato* assène cette citation avec autorité, et se rassied dans un grand mouvement de manchettes rentrées en demandant l'acquittement pur et simple.

La partie civile y va à son tour de son discours. Elle soutient longuement, mais sans grande conviction, la thèse du viol prétendu. Son éloquence tombe sur nous en pluie tiède ; elle réclame des juges, sans chaleur, une punition sévère.

Le tribunal se retire pour délibérer. Un ciel mêlé de soleil et de pluie éclaire la salle basse ; les cris assourdis de la place et les klaxons des autos se fondent dans le jaillissement frais des fontaines...

Le président réapparaît avec ses collègues et rend la sentence. Gino est absous de son crime imaginaire ; avec quelques conseils de prudence et de savoir-vivre, on le rend à la liberté et à sa motocyclette ; on accepte sa vérité.

Tout finit bien, et tout le monde se congratule ; les pères ennemis se serrent la main ; le petit groupe reformé repart réconcilié et pacifié pour Viterbe.

★
★ ★

Je profite de la détente générale pour m'entretenir quelques instants avec la blonde et gracieuse Mme de F..., femme du garde des Sceaux, qui a assisté aux débats comme déléguée de l'Œuvre *Maternità e Infanzia*. Nous parlons de cette tâche du redressement moral de l'enfance coupable ou malheureuse, et de l'intérêt qu'elle suscite aujourd'hui dans tous les pays d'Europe. Mme de F... m'expose l'œuvre qu'a réalisée dans ce domaine le régime mussolinien.

Les institutions existant en Italie pour le relèvement des mineurs dépendent toutes de l'Œuvre nationale de la Maternité et de l'Enfance ; cette œuvre dont nous avons déjà vu le rôle initial dans la défense de la santé de la mère et de l'enfant représente en effet pour le gouvernement fasciste, qui entend affronter en plein tous les grands problèmes de l'éducation et de l'élévation morale du peuple, la pierre fondamentale du nouvel édifice d'Assistance sociale.

Mot d'ailleurs mal choisi : M. Mussolini lui-même souhaitait récemment qu'on ne parlât plus d'assistance, mais bien de « solidarité » sociale. Le stade de la charité est dépassé ; il s'agit d'un devoir que les gouvernements et les classes les plus élevées ont envers les humbles, les déshérités et les dévoyés.

La loi de 1925 qui créait l'« Œuvre *Maternità e Infanzia* » (O.N.M.I.) la charge donc de l'assistance et de la protection des mineurs abandonnés, pervertis et délinquants. Elle les recherche dans tout le pays, procède à une étude approfondie de leur personnalité physico-psychique et du milieu où ils vivent, et en déduit les mesures à prendre ; soit qu'elle se contente d'une surveillance assidue à domicile, soit qu'elle les confie à un institut spécial. Dans le cas d'infractions ayant amené l'arrestation, c'est elle qui garde l'enfant jusqu'à sa comparution éventuelle devant le tribunal, qui procède aux enquêtes de moralité, qui assure la défense gratuite de l'inculpé. En cas de sanctions, elle coopère enfin étroitement à la répression, dans les établissements civils et judiciaires de réforme.

On voit toute l'importance de la tâche dévolue à l'O.N.M.I. Pour pouvoir l'assurer — et pour l'assurer suivant l'esprit qui domine toute l'œuvre du redressement moral, et qui veut que chaque enfant subisse un traitement approprié à sa situation et à sa psychologie particulières —, elle dispose de toute une série d'institutions officielles créées suivant une formule nouvelle et qu'elle gère elle-même. Elle contrôle en outre étroitement les nombreuses institutions privées qui se sont développées parallèlement sous son égide, et qui se consacrent surtout à l'assistance individuelle de l'enfant à domicile et à son envoi dans certains pensionnats surveillés.

Un des organismes les plus remarquables et les plus originaux ainsi créés par l'Œuvre est le « Centre d'observation pour les mineurs » qui fonctionne ou fonctionnera bientôt dans toutes les grandes villes. C'est par lui que l'Œuvre établit avec l'enfance abandonnée ou coupable son premier contact ; c'est là qu'elle l'examine, la classe et la trie avant de l'aiguiller sur la voie fixée pour sa cure morale.

Une première section reçoit les enfants arrêtés par mesure de sécurité publique ; vagabonds ou abandonnés moraux n'ayant pas de famille pouvant les recevoir, soit par suite de misère, soit pour cause de déchéance.

Dans la deuxième section vont les mineurs qui doivent comparaître devant le Tribunal d'enfants et qui ne peuvent être entourés pendant cette période d'un milieu familial convenable ; ainsi que ceux pour lesquels le tribunal a prescrit, avant de les juger, un examen « psychique » et mental.

Enfin la troisième section abrite provisoirement les enfants jugés, avant qu'on ne leur applique les mesures ordonnées par le tribunal (maisons de réforme ou de rééducation, etc.) ; ou ceux que le tribunal juge encore inaptes à la liberté.

Le Centre comprend aussi un « Bureau de consultations » pour les anormaux ou les mineurs signalés par les écoles ou les familles pour leur mauvaise conduite.

Il est dirigé par un Comité composé de trois membres : un président juriste spécialiste des questions de sociologie et de criminologie ; un médecin compétent dans les problèmes juridiques et sociaux intéressant l'enfance ; un ou une déléguée de l'O.N.M.I.

Le personnel technique comprend un médecin spécialiste de psychiatrie et d'anthropologie criminelle, des instituteurs, un certain nombre de surveillants et de gens de service.

Parallèlement à cette organisation nouvelle dont le « Centre d'observation » n'est qu'un exemple, le système judiciaire applicable à l'enfance a subi lui aussi une évolution complète. À chaque commissariat de police est adjoint un fonctionnaire spécialement chargé des relations avec les mineurs.

Comme nous l'avons vu, c'est l'O.N.M.I. qui a normalement la charge, jusqu'au jugement, de l'enfant mis en arrestation. Encore sera-t-il restitué à sa famille toutes les fois que l'enquête menée par l'Œuvre sur la moralité des parents sera favorable.

Ce n'est que tout à fait exceptionnellement que les mineurs font de la prison préventive ; ils ne doivent alors avoir aucun contact avec les adultes (au-dessus de dix-huit ans) et sont envoyés dans les prisons spéciales pour mineurs instituées par la loi.

Les délinquants ne peuvent être jugés que par les tribunaux pour mineurs créés dans les vingt sièges de cours d'appel. Les séances ont lieu à huis clos, dans les locaux distants de ceux où sont jugés les adultes, sans aucun appareil judiciaire proprement dit ; les magistrats spécialisés, les avocats fournis et payés par l'O.N.M.I. ne revêtent pas la toge ; les gardes sont en civil. Une déléguée de l'Œuvre et un médecin spécialiste assistent aux audiences et peuvent être appelés à intervenir en faveur de l'accusé. L'O.N.M.I. fournit aux juges une documentation sur le milieu familial et social du mineur et sur sa conduite générale, ainsi qu'une carte biopsychique rédigée par le Centre d'observation intéressé.

Dans le cours du procès, la forme familière, le ton amical seront toujours employés, mais sans que cela conduise à « banaliser » les débats ; au contraire, ceux-ci devront garder leur caractère de juridiction exceptionnelle, et par là exercer une influence bienfaisante et durable sur l'esprit des assistants. Les juges s'attacheront à éveiller chez l'enfant coupable et chez les siens le sens profond de la responsabilité et le souvenir de la gravité du fait accompli ; ils pourront alors se montrer indulgents dans leurs sentences.

Et c'est là le cas général. Les codes nouveaux donnent d'ailleurs au tribunal des mineurs des facilités étendues dans ce domaine ; l'incapacité admise « de comprendre et de vouloir », le « vice total d'esprit » sont autant de motifs pour ne pas condamner. Le magistrat peut même, en usant du « pardon judiciaire », s'abstenir de soumettre le coupable au jugement ou de prononcer le verdict pour créer ainsi dans l'âme de l'enfant « une impression forte mais pleine de douceur et de gratitude affectueuse ».

Les peines de prison sont donc rarement prononcées ; elles sont subies, jusqu'à dix-huit ans, dans les prisons pour mineurs complètement séparées de celles des adultes ; les gardiens ne portent pas d'uniformes ; les condamnés reçoivent, en dehors des heures du travail, une instruction orientée surtout dans le sens de leur rééducation morale ; ils peuvent être admis à des travaux de plein air.

Le plus souvent, les mineurs qui n'auront pas été acquittés seront remis à l'O.N.M.I. et graviront dans ses établissements spéciaux, pendant une période variable, les étapes successives du relèvement. Les maisons de réforme, les patronages des mineurs, les instituts « médico-pédagogiques »... se les partageront, dans un régime de « liberté surveillée » que certains peuvent même subir dans leur propre famille. Le mineur, dans ce dernier cas, est astreint à certaines conditions de vie établies par le juge « de surveillance » en tenant compte de ses tendances et de son milieu. Il devra rentrer à domicile à heures fixes, éviter les mauvais camarades, les cabarets, les cinémas ; il ne pourra s'éloigner sans autorisation ; il devra se présenter périodiquement au juge accompagné du représentant de l'O.N.M.I. que celle-ci aura désigné pour le surveiller et pour exercer avec soin le rôle de tuteur moral. L'Œuvre continue d'ailleurs toujours à suivre discrètement ses anciens pupilles ; elle est toujours prête à les assister matériellement et moralement pour éviter les récidives.

À Turin, c'est une Œuvre privée, le « Comité de défense de l'Enfance », fondé il y a vingt ans par le magistrat Commendatore Pola, qui remplit ce rôle sous le contrôle de l'O.N.M.I. Par une innovation heureuse, qui a déjà fait école, ce sont uniquement des dames volontaires qui assistent et surveillent les mineurs délinquants de la ville, et qui assument la tutelle de ceux d'entre eux que le tribunal a mis au régime de la « liberté surveillée ». Autre innovation significative, ces dames collaborent avec la direction des écoles primaires de Turin et sont chargées par elle de la surveillance à domicile des élèves arriérés chez qui les absences fréquentes et les irrégularités peuvent dénoter un égarement précoce.

Il faut noter aussi l'activité dans ce domaine de l'Association Cesare Beccari de Milan. Le sénateur Venino qui la dirige a créé un Institut unique en Europe auquel il a donné le nom d'« *Assistenziario* » ; c'est une sorte d'hôtel qui accueille les mineurs pourvus d'un passé judiciaire. Ils y jouissent d'une grande liberté. Par les soins de l'*Assistenziario*, ils sont casés, suivant leurs aptitudes, dans les ateliers ou bureaux de la ville. Sur ce qu'ils gagnent ainsi est prélevé le prix très minime de la pension ; le reste est porté à leur nom sur un livret d'épargne personnel. Ils peuvent disposer d'une partie de cet argent pour leurs dépenses courantes et pour leurs caprices ; la plus grande partie demeure au livret et constituera un capital qui leur sera remis quand ils quitteront l'institut. Pendant leur séjour, on veillera spécialement à leur éducation et on les préparera à la vie familiale. Des salles de lecture et de cinéma, des terrains de sports, de jeu prolongent l'établissement.

Cette forme d'assistance a donné de si bons résultats que l'O.N.M.I. vient de décider de créer dans toutes les grandes villes d'Italie des institutions analogues.

★
★ ★

Telles sont les grandes lignes de l'organisation, dans l'Italie nouvelle, de l'Œuvre du redressement moral de l'enfance.

Pour mener à bien cette lourde tâche, l'O.N.M.I. dispose d'un personnel spécial, qui comprend secrétaires et assistants sociaux rétribués, ainsi qu'un nombre imposant de volontaires.

Dans les centres d'observation, les patronages, les maisons de rééducation, les mineurs ne connaissent pas la dure atmosphère de nos maisons de correction. On s'attache à découvrir, par delà les apports des milieux malsains et de la vie misérable qui ont trop souvent abîmé leur enfance, leur vraie personnalité humaine, à l'éveiller à sa propre conscience ; à provoquer en eux le sentiment de la responsabilité individuelle ; à faire naître l'amour-propre dans le respect de la dignité. Labeur souvent ingrat sur ces terres laissées en friche et qu'il faut amender sans cesse.

À l'O.N.M.I., pas de grilles, pas d'uniformes, pas de menaces ; mais les seules barrières que s'édifie à lui-même, dans le respect de la parole donnée, l'enfant qui a compris qu'il lui faudrait un jour être un homme. L'éducation qu'il recevra, tout comme aux écoles primaires, sculpte en lui déjà le fasciste de demain ; le travail auquel il sera astreint détermine le sens de son activité individuelle, qu'on oriente le plus possible vers l'agriculture pour éviter la contagion dangereuse de la vie des villes. Enfin, par la vie sportive et aérée, par des traitements médicaux appropriés, on procédera à ces « cures organiques » où l'Œuvre voit un facteur primordial de l'amélioration morale, la personnalité psychique et la conduite de l'assisté pouvant être profondément modifiées par la guérison des tares physiques et par « l'élimination des stimulants anormaux d'origine somatique ou pathologique ».

Amélioration physique, travail, éducation morale et religieuse, tels sont les principes fondamentaux qui guident actuellement en Italie l'Œuvre des Institutions de relèvement moral.

★
★ ★

J'ai visité le lendemain avec Mme A. R... le Centre « *medico-pedagogico* » Forense de la via Monteverde. Nous parcourons une banlieue lumineuse et gaie où des maisons de ciment armé, de verre et d'acier surgissent dans un ordre strict ; Rome gagne la campagne et s'étend dans cette plaine rurale sans cheminées d'usine et sans fumées.

Nous voici arrivées au Centre. Nous franchissons une haute grille de fer ; ma compagne me fait observer qu'elle est ouverte, « et cela toujours... Nous traitons nos *traviati* (dévoyés) par la liberté. — Ils ne se sauvent pas ? — Jamais. Ils nous donnent à l'arrivée leur parole d'honneur de ne pas chercher à s'évader. Ils vont même travailler seuls dans le voisinage. Jusqu'à présent, aucun n'a trahi sa parole... »

Nous pénétrons dans une maison campagnarde crépie à la chaux. Dans la cour plantée de beaux arbres, une vingtaine de garçons sautent des obstacles sous la direction d'un jeune homme habillé de toile blanche. Ces jeunes êtres, vêtus de culottes courtes et de maillots largement échancrés, sont athlétiques, souples, tout en muscles et en nerfs ; ils ont l'air encore étonnés d'avoir troqué leur paresse crapuleuse et furtive contre cette suractivité sportive. Je regarde les murs d'enceinte blancs et bas, la grille grande ouverte, la maison rose aux volets verts, les cultures potagères, le jardin où picorent des poules caquetantes et pacifiques. Vraiment, le matériel qui constitue ce « bagne d'enfants » romain est rassurant, et les petits ruffians doivent retrouver bien vite l'enfance et la paix dans cette prison affectueuse.

Nous visitons la maison ; tout y est net, clair et heureux. Les fenêtres laissent entrer largement la lumière ; le toit est aménagé en terrasse pour les bains de soleil. Dans le réfectoire où nous entrons, la photo de Carnera, le héros du jour, s'étale au mur entre les images orthodoxes. Au-dessus de la radio, des conseils aux mineurs sont affichés.

« Souviens-toi, dit l'un d'eux, que le Patronage n'est pas un local disciplinaire, mais au contraire un second foyer où tu trouveras toujours auprès de personnes aimantes l'aide morale et matérielle ; elles te procureront les moyens d'étudier et de travailler, d'échapper aux mauvaises compagnies, de te guérir si tu en sens le besoin, de te divertir d'une façon sympathique suivant ton désir, de devenir toujours meilleur et plus sain, de retrouver les biens que cette vie t'a déjà fait perdre. »

On me montre le menu du jour :

PETIT-DÉJEUNER :

	Grammes	Calories
Lait	300	200
Orge torréfiée	10	22
Pain blanc	150	343
Sucre	10	59

DÉJEUNER :

	Grammes	Calories
Pâtes	70	234
Légumes secs	60	127
Lard	10	61
Fromage	10	35
Un œuf frit		72
Lait	30	20
Farine	10	33
Huile	10	65
Légumes verts	60	9
Fruits	100	50
Pain	200	458

.../...

GOÛTER :

	Grammes	Calories
Fromage	50	177
Pain	100	229

DÎNER :

	Grammes	Calories
Riz	70	234
Bouillon de légumes	250	175
Beurre	10	75
Fromage	10	35
Saucisson	50	119
Pain	200	458

Des menus analogues sont établis pour tous les jours de la semaine ; les pupilles y font largement honneur.

« Et pourtant, me dit Mme A. R..., nous arrivons, par une économie bien comprise et grâce au dévouement de notre personnel souvent bénévole, à ne pas dépenser plus de six lires par jour et par pensionnaire. »

Nous avons regagné le seuil de la maison. L'exercice sportif est terminé ; les garçons vont et viennent librement. L'un d'eux surtout m'attire : grand, beau, bien fichu, à l'allure souple d'animal bien dressé. « C'est Vittorio B..., me dit Mme A. R..., l'orgueil du Centre. Nous l'avons ramassé sur le pavé du Transtevere, il y a un an. À treize ans, squelettique, haillonneux, scrofuleux, il rôdait par les faubourgs. D'où venait-il ? D'un village de la Campania, rongé de malaria et de misère. Il s'est échappé de la maison du père, paysan brutal, chassé par une belle-mère qui le rouait de coups. Il avait six ans ; pendant six autres années, il a vécu sauvage, méfiant et libre. Que n'a-t-il pas dû faire pour subsister ?... Un jour, affamé, couvert de morve et de plaies, il s'est rendu à un milicien, qui l'a déposé au

Centre Maternité et Enfance de San Lorenzo... On nous l'a confié... Nous avons détaché ses croûtes, pansé ses plaies ; nous avons tâché de guérir son enfance... Depuis un an, il est ici. Les débuts ont été durs ; il a fallu l'épouiller, le décrasser, lui apprendre à lire, à manger, à ne plus voler, presque à parler, à penser, et à vivre... Nous l'avons apprivoisé par des contes et des histoires merveilleuses ; celle d'un verre de vin à partir de la vigne, celle d'un bout de fil à partir du lin. Puis nous avons déployé des cartes de la « *Madre Italia* » ; puis nous lui avons raconté le fascisme, depuis le fils du forgeron de Dovia qui aime l'enfance pauvre, et qui la veut droite et heureuse. Nous avons évoqué pour lui Dieu qui connaît, juge et pardonne... Et vous voyez le Vittorio d'aujourd'hui.

« Nos moniteurs savent à merveille laisser à ces anciens révoltés le sens de leur individualité et l'illusion de l'indépendance. Très vite nos sauvageons acceptent l'ordre sous les espèces du sport et de la vie physique. Ils apprennent les joies du travail bien fait et librement consenti ; ils se sentent à l'aise dans cette maison où des femmes au cœur maternel sont présentes. Nous tâchons de mettre du jeu dans les corvées, de l'émulation dans les jeux. Notre médecin-chef trie les tares et les condamnations, il écoute longuement, patiemment leurs histoires, leurs vanteries, leurs mensonges et leurs vérités. Enfin, en même temps que la propreté physique (corps nets, âmes nettes...), nos anciens dévoyés font aussi l'apprentissage d'un métier. C'est vers l'agriculture que nous les poussons de préférence ; mais ils peuvent suivre d'autres voies : voyez notre forge et nos ateliers...

« Quand ils sortiront d'ici, nous en aurons fait des hommes. »

Au moment où je m'éloigne, Vittorio s'approche. La physionomie franche et ouverte, l'allure légère disent la résurrection morale et physique ; gracieusement, gentiment, il nous salue. Les lèvres rouges découvrent des dents de jeune loup ; les beaux yeux d'ombre nous suivent...

★
★ ★

En rentrant, j'ai voulu jeter un coup d'œil rapide sur le Centre de triage et d'observation de la via Re di Roma. J'ai exposé plus haut le but et le fonctionnement de ce genre d'institut. La maison est vieille, mais propre ; dans les salles hygiéniques et sévères, plusieurs escouades de gamins audacieux, agiles et coupables sont rassemblées. Dès leur arrivée, ils sont examinés et auscultés par les médecins du Centre. Jeux et travail se succèdent ensuite suivant un rythme approprié à leur âge. La question de la nourriture revêt une importance extrême et on les bourre généreusement de calories ; comme à la via Monteverde, le standard de vie est élevé et large.

Les gardiens en civil sont jeunes ; beaucoup sont volontaires et passionnés pour leur tâche. Ils traitent sans violence les petits vagabonds, mais exigent d'eux pendant ces jours d'attente et d'examen l'acceptation totale de l'ordre établi.

Je traverse réfectoires, salles d'études, dortoirs et cuisines. Sur mon chemin, une porte entrebâillée dévoile la chapelle ; une Madone florentine aux mains pâles sourit dans sa guirlande de fleurs et de fruits.

À côté, la « *camera di meditazione* » ; c'est une cellule claire, meublée d'un lit et d'une table de travail, qui a remplacé le cachot démodé : le coupable peut y faire oraison et méditer sur soi-même.

Dans une salle ouverte largement sur un jardin poussiéreux, une vingtaine de « détenus » chantent à tue-tête. Un « gardien-camarade » dirige le chœur. Je les regarde et je les écoute ; ils oublient leur enfance abîmée ; la chanson la plus fraîche du monde, *Giovinezza*, berce leur jeune misère…

CHAPITRE VI

BALILLAS ET AVANTGUARDISTES

Le Fascisme organise l'activité et le délassement du peuple. Pour l'ouvrier, il crée, en même temps que le système corporatif, le « *Dopolavoro* » (Œuvre des loisirs ouvriers). Pour l'enfant, en même temps qu'une pédagogie nouvelle, il construit un système éthique, politique et corporel d'éducation. Les loisirs, les vacances, les sports et les jeux y sont utilisés pour le développement intégral de l'esprit fasciste.

L'« *Opera nazionale Balilla per l'assistanza e l'educazione fisica e morale della gioventù* » (O.N.B.) constitue le « *Dopolavoro* » de la jeunesse.

Cette œuvre est l'enfant gâtée du Régime. Il y donne tous ses soins, car il compte sur elle pour s'assurer les générations nouvelles, les imprégner d'avance de la doctrine et de la morale du Parti, forger les meilleurs soldats et les meilleurs ouvriers de la tâche fasciste. Elle constitue en quelque sorte la clé de voûte du système.

★
★★

I. — Historique

Fondée par la loi du 3 avril 1926, l'O.N.B. a subi depuis lors des changements importants dans son organisation et dans ses attributions. Ces dernières s'étendent de plus en plus et font de l'œuvre essentiellement politique et militaire du début un instrument toujours plus souple d'éducation nationale, ainsi qu'un véritable monopole d'État.

La loi de 1926 soumettait presque entièrement l'Œuvre aux pouvoirs politiques et militaires : l'Instruction publique n'y figurait que comme représentant, parmi d'autres, des grandes activités nationales. Son administration était confiée à la collaboration du chef du gouvernement, du ministre de la Guerre et du commandant des Formations fascistes (M.V.S.N.) ; son Conseil central, placé sous la présidence d'un Consul général de la M.V.S.N. comptait deux délégués de l'Intérieur contre un seul des autres ministères. Une « Junte exécutive » concentrait pratiquement tous les pouvoirs ; à côté du président et du vice-président du Conseil central y figuraient cinq représentants directs du chef du gouvernement. Pouvoir militaire, pouvoir politique, tels furent pour l'O.N.B. les patronages initiaux.

Ces pouvoirs n'aimaient guère le partage, et bientôt un décret-loi vint instituer pour l'O.N.B. une manière de monopole. Dans les villes de moins de vingt mille habitants, toutes les sociétés ayant à leur programme l'orientation professionnelle et l'éducation physique, morale ou spirituelle de la jeunesse se trouvèrent dissoutes et avec elles les associations de « scouts » catholiques. Dans les villes plus importantes, l'on interdisait la constitution de sociétés nouvelles à l'exception de celles des scouts : encore ceux-ci devaient-ils ajouter à leurs insignes ceux de l'O.N.B. : assimilation et non point autorisation de concurrence. Seules les associations purement religieuses — définition vague — restaient autorisées. Finalement, à la suite des accords du Latran, le décret-loi du 9 avril 1928 supprima tout régime de faveur ; le monopole était officiellement établi.

Dans le même temps, l'O.N.B. multipliait ses initiatives et faisait triompher une véritable politique d'annexion. Ce fut le passage à l'Œuvre de la gestion des navires-écoles et des orphelinats de marins, puis des écoles hors cadre de Calabre, de Sicile et de Sardaigne, et enfin des patronages scolaires.

Mais surtout une ample série de mesures codifiées par la loi du 31 mai 1928 confièrent et confient encore aujourd'hui à l'O.N.B. l'éducation physique de la jeunesse dans les écoles élémentaires et secondaires. L'Office national pour l'Éducation physique se trouvait du coup supprimé, et son personnel passait à l'O.N.B. Le ministère de l'Éducation nationale se réservait la confection des programmes et l'attribution des diplômes ; l'O.N.B. prenait en charge l'administration générale et la direction, et recevait le droit de fonder des écoles normales fascistes d'éducation physique. Les écoles privées restaient, et restent encore, hors de l'atteinte de la loi. L'Œuvre n'en demeure pas moins maîtresse incontestée de cette branche de l'enseignement.

Ainsi pourvue d'une mission éducatrice, classée parmi les institutions pratiquant une technique universitaire, l'O.N.B. n'était plus à sa place au ministère de l'Intérieur ; par le décret-loi du 14 novembre 1929, érigé en loi le 26 novembre, l'Œuvre nationale Balilla et des Petites et Jeunes Italiennes passait avec son organisation et son budget au ministère de l'Éducation nationale. Elle en dépend encore aujourd'hui.

II. — Organisation

a) *Administration*. — L'administration générale de l'Œuvre est confiée à un « Conseil central » et à une « Junte exécutive », tous deux présidés depuis la fondation par l'On. Renato Ricci, membre du Parlement, et sous-secrétaire d'État à l'Éducation physique.

Le Conseil comprend : deux représentants de l'Intérieur, un de chacun des ministères suivants : Finances, Guerre, Marine, Aéronautique, Éducation et Économie nationales ; un officier des Formations fascistes, un délégué de la Direction générale du parti, un du « *Dopolavoro* », l'inspecteur général de l'Éducation religieuse, divers représentants des associations sportives et quelques personnes qualifiées. Le mandat renouvelable est de quatre ans : les sessions ordinaires sont biannuelles, mais des réunions extraordinaires peuvent être provoquées par le chef du gouvernement, le président, ou à la demande du tiers des membres du Conseil. Les décisions motivées sont prises à la majorité absolue. Les attributions du Conseil restent à la fois vagues et étendues : vote du budget, répartition des crédits, élaboration des règlements généraux, décisions de toute sorte « se rapportant au dessein général de l'institution ».

La Junte exécutive comprend le président, le vice-président et cinq membres du Conseil choisis par le chef du gouvernement. Le mandat est également de quatre ans. La Junte tient des réunions ordinaires chaque mois et des réunions extraordinaires dans les mêmes conditions que le Conseil. Elle établit le budget, délibère sur l'acceptation des legs, administre le personnel, juge en dernier recours.

Un décret spécial permet de conférer au président de la Junte et du Conseil tous les pouvoirs de ces deux organismes.

Fortement centralisée, l'Œuvre est représentée dans les provinces par des « Comités provinciaux et communaux » qui étendent leur trame serrée sur tout le pays.

Les Comités provinciaux se composent d'un conseiller de la préfecture, d'un professeur d'école secondaire et du consul de la légation locale de la Milice, membres de droit ; le président et sept autres membres, dont un médecin officiel, sont nommés par la Junte assistée d'un représentant de la Fédération provinciale du Parti. Le mandat est de quatre ans renouvelable ; les fonctions ne sont pas rétribuées. Des réunions ordinaires ont lieu chaque mois ; des réunions extraordinaires, assez fréquemment en pratique, peuvent avoir lieu sur l'initiative du Conseil central, du président du Comité ou à la demande du tiers de ses membres. Le Comité délibère sur le budget provincial, répartit les fonds entre les communes, contrôle l'activité des comités communaux et prend toutes décisions nécessaires. Ses décisions en matière budgétaire et ses initiatives importantes sont soumises à l'approbation de la Junte.

En contact direct avec les bénéficiaires de l'Œuvre se trouvent les Comités communaux dont la mission est moins d'administration que de propagande. Ils se composent d'un nombre variable de conseillers (cinq à quinze suivant la population de la commune) ; ce nombre est fixé, et les titulaires nommés par le Comité provincial intéressé après approbation de la Junte. Le représentant de l'administration communale y figure de droit, ainsi qu'en principe le médecin de la localité et des délégués de l'École secondaire et de la Milice, s'il en existe. Le mandat est toujours de quatre ans. Les attributions du Comité communal sont analogues sur le plan municipal à celles du Comité provincial dans la province. Répartition des subventions entre les œuvres locales, décisions en matière d'assistance, enquêtes sur les bénéficiaires éventuels menées parfois, il faut le dire, avec une psychologie toute policière.

b) *Budget*. — Une organisation aussi étendue et aussi complexe ne s'entend point sans ressources bien établies. Il en est prévu de trois ordres différents : subventions gouvernementales, donations ou cotisations.

Ces dernières proviennent de membres bienfaiteurs (versement unique de 10.000 lires), de sociétaires perpétuels (versement unique de 500 lires), ou de sociétaires temporaires (60 lires par an avec engagement pour six ans). Fort nombreuses autrefois, ces cotisations semblent se faire plus rares aujourd'hui. Mais elles se doublent de celles des bénéficiaires de l'Œuvre : Balillas, Avantguardistes, Petites et Jeunes Italiennes sont actuellement plus de trois millions et versent chacun 5 lires par an.

Les donations qui constituent un « patrimoine personnel » de l'O.N.B. furent, dans ses débuts, extrêmement nombreuses : châteaux, terrains de sport, capitaux affluèrent alors ; aujourd'hui, en raison de la crise économique et aussi, peut-être, parce qu'une propagande énergique amena les bonnes volontés à se manifester immédiatement, les dons se raréfient, et l'Œuvre vit principalement de subventions.

Celles-ci proviennent en majeure partie de versements des ministères de l'Intérieur et de l'Éducation nationale. Le premier verse 800.000 lires, en souvenir de son ancienne souveraineté sur l'O.N.B. et en reconnaissance discrète des services politiques qu'elle rend au Régime. Les subventions de l'Éducation nationale sont destinées à favoriser l'action éducatrice générale de l'Œuvre (5.418.000 lires) ou à rétribuer certaines de ses activités particulières : 1.500.000 lires pour l'éducation physique dans les Instituts techniques, 400.000 lires pour les patronages scolaires, 1.800.000 lires pour les croisières, voyages, les cours spéciaux et les camps. D'autres organismes d'État ou privés indemnisent l'O.N.B. pour des activités dont ils bénéficient : 1.650.000 lires pour l'enseignement de la culture physique dans les écoles privées ; 4 millions pour la prise en charge des assurances concernant les Balillas ; 222.000 lires pour les navires-écoles et les orphelinats maritimes. Les syndicats donnent 4 millions et demi de lires pour l'enseignement professionnel. Enfin des ressources artificielles et indirectes sont demandées aux bénéfices sur la vente des livres scolaires et à des prélèvements sur la taxe sur les véhicules (en tout 5.700.000 lires).

L'ensemble de ces subventions s'élève à la somme de 27.170.913 lires qui constituent le budget proprement dit de l'O.N.B. Les cotisations et les dons n'y figurent que pour mémoire ; mais on a vu combien ils sont susceptibles de fournir un complément substantiel de ressources. Et ce n'est point un des côtés les moins intéressants de la réussite de l'O.N.B. que d'y être parvenu en grevant relativement si peu le budget de l'État.

Une économie stricte dans le domaine des dépenses y a également contribué : en 1933-1934, celles-ci atteignaient 10 millions de lires environ pour le personnel, 5 millions pour les constructions nouvelles.

Considérée à travers son existence budgétaire, l'Œuvre Balilla apparaît moins comme une activité à but unique que comme un faisceau d'activités souvent hétérogènes, mais toujours convergentes, et dont l'unité profonde réside dans le dessein de fortifier chez l'enfant les qualités morales, physiques et professionnelles, ainsi que les aptitudes civiques et conformistes.

★
★★

Il faut donc renoncer à une conception romantique de la jeunesse italienne. Son élan n'est pas seulement fils de la passion et de la foi, mais de bons règlements, de saines finances et de copieuses ressources ont contribué à l'affirmer, à le perpétuer, à l'exprimer en actes. Cette organisation s'inspire des principes napoléoniens — devenus mussoliniens — de la concentration et de la subordination des pouvoirs. Elle a su doser adroitement, aux divers échelons, les pouvoirs politiques et techniques : le Comité central, qui doit se borner à des directives générales et à des schémas d'action, reste entièrement soumis aux influences gouvernementales. Dans les comités inférieurs, et toujours plus à mesure qu'il s'agit d'organismes plus restreints, mais plus proches de l'activité humaine, la part des techniciens, médecins et professeurs devient plus grande ; partout cependant le pouvoir central conserve des possibilités d'initiative et de correction.

III. — Fonctionnement

a) *Les bénéficiaires.* — La participation aux activités de l'O.N.B. est officiellement facultative et doit demeurer volontaire. Il est vrai que l'élève réfractaire ne reste pas hors de l'emprise de l'Œuvre. C'est à ses instructeurs qu'il aura affaire pour les cours obligatoires d'éducation physique donnés à l'école. Son abstention le privera des avantages des œuvres postscolaires qui n'existent qu'à l'O.N.B. Elle ne le dispensera pas de la préparation militaire, qui est imposée plus tard aux jeunes gens qui n'ont pas suivi celle que l'Œuvre dispense. Il restera étranger aux bienfaits de l'assurance, de l'assistance médicale, etc. Mais surtout le succès de l'O.N.B. donne aux abstentions un caractère exceptionnel qui impose à l'enfant, dès l'école, et à ses parents dans la vie sociale, comme une marque de déchéance. L'autorisation du père de famille est d'ailleurs nécessaire à la validité de l'inscription : c'est là que, dans certains milieux encore hostiles aux nouveautés éducatives, l'enfant peut rencontrer le plus de résistances. Elles se font de plus en plus rares.

Le nouvel adhérent, présenté par le Comité communal et admis par le Comité provincial, est classé d'après son âge dans l'une des catégories suivantes :

De 8 à 14 ans : *Balilla* ou *Piccole Italiane* (Petites Italiennes).
De 14 à 18 ans : *Avanguardisti* ou *Giovane Italiane* (Jeunes Italiennes).

Depuis l'an V (1927), le 21 avril voit se dérouler une cérémonie « à valeur de rite » qui, en souvenir des Samnites et de l'ancienne Rome, a été appelée la « *leva* ». Au cours de parades militaires, en présence des autorités, et après des défilés et des harangues, les nouveaux inscrits sont solennellement reçus dans les formations, cependant que les Balillas et les Petites Italiennes de quatorze ans passent dans les Avanguardistes et les Jeunes Italiennes. Les jeunes gens qui ont atteint dix-huit ans s'en vont grossir les rangs des « *Fasci giovanili di combattimento* » : ils sont désormais membres du Parti.

Chaque année, la « *leva* » se révèle plus importante : 47.000 balillas en l'an V, 75.000 en l'an VI, 89.000 en l'an VII, 90.000 en l'an VIII, 90.475 en l'an IX, 101.380 en l'an X. Pour une époque plus récente, les chiffres suivants marquent les progrès de l'Œuvre :

	31/01/32	31/01/33	31/03/33	31/05/33
Balillas	798.544	835.354	1.236.635	1.528.039
Avantguardisti	235.828	243.936	307.452	403.298
Piccole Italiane	632.732	719.012	1.039.044	1.278.237
Giovane Italiane	90.329	92.748	105.556	121.689
Totaux	1.757.433	1.891.050	2.688.687	3.331.263

Avant d'interpréter ces chiffres et l'accroissement rapide dont ils témoignent, surtout au cours des derniers mois, il faut noter que pour la première fois se fait sentir, dans le recrutement des Avantguardistes, la reprise de la natalité qui suivit immédiatement l'armistice : il semble qu'une telle progression ne doive pas se reproduire dans les années à venir. On n'oubliera pas non plus que la crise économique et le chômage n'ont plus permis d'utiliser à des besognes mercenaires les loisirs laissés aux enfants par l'école et a favorisé d'autant le recrutement. Par contre, si l'on compare le nombre des Avantguardistes actuels et celui des anciens Balillas, on reconnaît que peu de défections se sont produites parmi les premiers inscrits à l'Œuvre.

b) *Les cadres*. — Les unités de Balillas et d'Avantguardistes sont encadrées militairement suivant le rythme ternaire des armées de l'ancienne Rome. L'escouade (« *squadra* ») compte 11 individus ; la « manipule » 3 escouades ; la « centurie » 3 manipules ; la « cohorte » 3 centuries. Dans chaque province, une « légion » peut comprendre 3, 4 ou 5 cohortes. Le commandement de ces diverses unités est assuré, pour les Avantguardistes, par des officiers ou gradés de la Milice fasciste ; pour les Balillas, par des maîtres des écoles élémentaires ayant, de préférence, un grade dans la Milice. Les « *squadre* » de Balillas sont commandées par un « *caposquadra* » avantguardiste. Ainsi s'efforce-t-on d'imposer au jeune Italien la discipline et l'esprit militaire, sans pour cela le dispenser d'acquérir le sens de la camaraderie, de la responsabilité et de l'initiative.

Ces commandants, administrateurs de leur unité et instructeurs militaires, l'O.N.B. les a reçus tels que la guerre, la politique et des destins divers les avaient faits. Elle n'a pas tardé à sentir le besoin d'avoir des instructeurs à elle, formés à l'image de ses activités et de son idéal ; l'Académie fasciste les lui fournit aujourd'hui, doublée à Orvieto d'une Académie féminine qui donnera des monitrices aux formations de Petites et de Jeunes Italiennes. Ces deux institutions, sur lesquelles je reviendrai, résument les efforts et l'esprit du nouveau régime en matière de création humaine et fasciste.

IV. — Instruction

« Le livre et le mousquet » ; « le tour et la charrue » ; « la prière et le combat » : ces métaphores symboliques sont familières à la propagande fasciste, qui abrite sous leur signe les principes de l'éducation de l'enfance. Plus prosaïquement, la loi assigne à l'O.N.B. une action dans les domaines suivants : instructions militaire et physique, éducation « culturelle », religieuse et civique ; enseignement professionnel, œuvres d'assistance.

Les manuels que l'on met entre les mains des Balillas et des Avantguardistes donnent des indications précieuses sur les détails de la mise en œuvre quotidienne de cette éducation. Le premier d'entre eux, le Manuel du « *Caposquadra Balilla* », destiné aux membres les plus jeunes de l'O.N.B., abondamment illustré de dessins enfantins, hauts en couleur, spirituels et naïfs sans être puérils, rempli, au hasard du texte, ou en surimpression, de formules simples et frappantes, en marque le point de départ. Le dernier, celui du « *Capocenturia Avantguardista* » en représente le dernier mot. Plus austère, véritable livre d'études et de références, il constitue l'encyclopédie de poche du jeune citoyen et une « Somme » des deux religions nouvelles : celle de l'efficience individuelle et celle de l'État. On y peut juger des démarches dernières de la pédagogie de l'O.N.B., à l'heure où l'adolescent va cesser de lui appartenir pour devenir un membre du Parti.

Ces petits livres nous permettront de mesurer tout l'intérêt que l'Œuvre attache en particulier aux formes physique et militaire de l'éducation.

a) *Éducation physique.* — Le Régime se glorifie de l'avoir remise en honneur : tout récemment encore, une circulaire du ministre de l'Éducation nationale rappelait aux présidents des Commissions d'examens que le sport faisait partie intégrante de l'éducation fasciste, et recommandait de coordonner, dans les épreuves, « les sanctions de la chaire et celles de la palestre » ; il soulignait la nécessité de cet équilibre et rappelait que les succès sportifs, par les qualités « volitives » qu'ils exigent, permettent de sûres appréciations de la valeur spirituelle. Car tel est bien le but final de l'éducation physique : les manuels mis entre les mains des enfants lui reconnaissant un caractère surtout moral, par les exercices de discipline et de volonté, et lui imposent cette devise : « Tremper à la romaine l'âme de la jeunesse. » « L'Avantguardiste, écrit l'On. Ricci, doit apprendre à apprécier la valeur de son propre corps, de sa propre santé et de sa vigueur physique, soit pour l'importance que ces éléments revêtent en eux-mêmes et pour qui les possède, soit pour la grande valeur qu'ils assument à un point de vue supérieur : la défense nationale. » Et l'importance de cet enseignement dans le Fascisme conçu à la fois comme un régime et comme une formule de vie saute aux yeux si l'on songe qu'il réalise les deux buts primordiaux de l'éducation du Parti, la puissance d'action de l'individu et la soumission de cette puissance à l'intérêt de l'État ; le Fascisme ne s'est pas écarté de sa ligne générale en faisant de l'éducation physique « une vraie et propre fonction de l'État ».

Les caractères à la fois corporels et spirituels, désintéressés et pratiques de cet enseignement éclatent à plein dans les conseils donnés aux instructeurs. Le gradé doit éperonner l'intelligence pour obtenir le meilleur style au saut ou à la course ; il doit développer le désir de vaincre « loyalement et sans faiblesse », inviter au jeu « joyeux et collectif ». On évitera donc les jeux violents où l'âme n'a sa part que dans les affirmations de l'orgueil. On préférera par principe les exercices d'agilité et de rapidité à ceux de résistance et de pure force. On épiera les moindres signes d'ennui ou de fatigue. Les maîtres se feront des « pourvoyeurs de joie ».

La discipline sera présentée sous sa forme la plus séduisante : le goût de l'exactitude et de l'ordre. Par de nombreux concours, on s'efforcera de maintenir la part égale entre l'esprit de combat et la camaraderie. On profitera enfin de toutes les circonstances pour donner des conseils et des enseignements ; on parlera de l'hygiène, de la propreté personnelle, de l'O.N.B., du fascisme, de tout événement du jour ayant un caractère national. En un mot, « le corps sera la porte dérobée de l'âme ».

La progression des exercices est soigneusement fixée. Les programmes destinés aux instructeurs et les « *quaderni* » (cahiers) qu'on y a joints récemment font au professeur une obligation d'adapter son enseignement aux conditions des personnes, du milieu et du temps. On devra tenir compte des ressources locales en matériel et en terrains de sport, de l'état physique des jeunes élèves tel que le médecin l'a observé, et enfin des programmes scolaires, car l'intensité du travail sportif ne doit pas correspondre à celle du travail intellectuel. Les programmes précisent le matériel nécessaire, proscrivant ces « instruments de torture » que sont les agrès, et vont jusqu'à unifier la terminologie des commandements.

Mais surtout, ils distinguent diverses étapes dans l'éducation physique. Au Balilla seront réservés les exercices à forme de jeu ; à l'Avantguardiste les performances présportives et sportives, préathlétiques et éventuellement athlétiques. Plus précisément, au cours d'une première période (huit-onze ans), l'on s'attachera surtout à former des corps harmonieux et des caractères disciplinés : les exercices de gymnastique pure occuperont les sept dixièmes du temps consacré à l'enseignement. La seconde période (onze-quatorze ans) s'inspirera des mêmes principes ; on multipliera les jeux utilisant la balle, on s'essaiera à la course, au saut et au lancer. À partir de la troisième période (quatorze-seize ans), l'éducation revêtira un caractère tout nouveau. L'élève sera invité à prendre conscience des capacités physiques qu'il a déjà acquises et à les développer de manière plus volontaire ; la résistance à la fatigue (et non pas la recherche de la fatigue), l'âpreté au travail, la discipline, le courage raisonné formeront le but d'exercices « austères et virils, idéaux et pratiques ». On atteindra ainsi la dernière période (seize-dix-huit ans) où l'athlétisme et la préparation militaire auront la meilleure part.

Toutes ces activités sont illustrées et contrôlées par des concours institués dans les stades communaux et provinciaux à l'occasion d'anniversaires patriotiques. Des championnats régionaux aboutissent à la grande épreuve du « Grand Prix des Faisceaux », organisé chaque année dans la capitale pour les Avantguardistes le jour de la commémoration de la Marche sur Rome.

Aux exercices physiques se rattache l'étude de l'hygiène. Les manuels Balillas y consacrent de longs chapitres. On souligne la nécessité de la vie en plein air, de l'équilibre entre le travail et le jeu, du repos, « devoir de l'enfant envers lui-même » ; on pose et on développe les règles de l'hygiène personnelle, alimentaire et domestique ; on traite des maladies contagieuses, de la constitution du corps humain et de ses fonctions. On instruit enfin les jeunes Italiens à savoir donner et organiser les « secours d'urgence » ; ils n'ignorent point comment soigner les brûlures et les morsures, secourir les noyés et les électrocutés, désinfecter les plaies, arrêter les hémorragies, guérir les membres gelés, donner les premiers soins aux fractures et transporter les blessés : toute cette hygiène appliquée prend parfois des allures guerrières.

b) *Éducation militaire.* — L'éducation physique, sous quelque aspect qu'on l'envisage, aboutit naturellement à l'éducation militaire. L'On. Ricci, préfaçant le *Manuel de Capocenturia*, s'exprime ainsi : « La nécessité de préparer les jeunes au service de la Nation et de les tenir prêts à toute éventualité est reconnue comme un besoin vital et imprescriptible par tous les États du monde, et en particulier par l'Italie fasciste qui ne mérite ce nom que dans la mesure où elle place au plus haut de ses aspirations l'établissement d'un programme de grandeur impériale. » Et, de fait, si la préparation militaire est surtout intense et apparente chez les Avantguardistes, et plus tard chez les « *Fasci Giovanili* », elle n'est pas ignorée des jeunes Balillas : à travers toute l'éducation fasciste résonne, tantôt faible et tantôt éclatant, comme un air de musique militaire ; c'est à lui qu'elle emprunte à la fois son rythme et sa tonalité.

On a déjà vu que l'armée fournit à l'Œuvre les lignes générales de son organisation, et c'est elle encore, ou plus exactement cette seconde armée que constitue la Milice volontaire, qui lui donne des chefs et des cadres.

Au sein des Comités provinciaux et communaux, son délégué a la charge de l'éducation militaire ; dans les formations, ce sont des officiers de la Milice qui font appliquer le programme établi par le ministre de la Guerre.

Ce programme, il est permis de l'imaginer à qui parcourt les manuels confiés aux enfants.

Ils s'ouvrent sur un serment tout militaire, qui est à lui seul un acte de subordination, d'obéissance, d'abandon passionné de soi : « Au nom de Dieu et de l'Italie, je jure d'exécuter les ordres du Duce, et de servir avec toutes mes forces, et si cela est nécessaire avec mon sang, la cause de la Révolution fasciste. » Et ce serment se continue dans la même atmosphère de discipline quasi mystique par le « Décalogue du milicien fasciste ».

I. — Sache que le fasciste, et en particulier le soldat, ne doit pas croire à la paix perpétuelle.

II. — Les jours de prison sont toujours mérités.

III. — La Patrie se sert aussi bien en montant la garde auprès d'un bidon d'essence.

IV. — Un compagnon doit être pour toi un frère : parce qu'il vit comme toi ; parce qu'il pense comme toi.

V. — Le mousqueton, la giberne, etc. te sont confiés non pour les laisser se détériorer dans le loisir, mais pour les conserver en vue de la guerre.

VI. — Ne dis jamais : « Le gouvernement fait telles dépenses », parce que c'est toi-même qui les paies et que le gouvernement est celui que tu as voulu et pour lequel tu endosses l'uniforme.

VII. — La discipline est le soleil des armées : sans elle, pas de soldats, mais la confusion et la défaite.

VIII. — Mussolini a toujours raison.

IX. — Le volontaire n'a pas de circonstances atténuantes quand il désobéit.

X. — Une chose doit t'être chère par-dessus tout : la vie du Duce.

Associé de la sorte à l'armée, par un serment et des commandements communs, le Balilla est d'abord instruit dans les règles de la vie militaire collective : grades, insignes et drapeaux, honneurs à rendre, considérations développées sur la camaraderie, la discipline et l'esprit de corps. On lui donne ensuite des notions techniques sur les formations de fantassins, les évolutions de la « *squadra* » et du « manipule ». Enfin une nomenclature détaillée du mousqueton rappelle que les Balillas de douze à quatorze ans sont astreints à son maniement ; on leur remet des armes de modèle réduit, mais identiques par ailleurs à celles des soldats.

Pour les Avantguardistes, la culture militaire s'étend : discipline des camps, service de guerre, alphabet Morse, topographie ; c'est tout le règlement de manœuvre de l'infanterie. Une notice sur le fusil-mitrailleur l'accompagne, car l'Avantguardiste est initié à l'emploi de cette arme : dès dix-sept ans, il est inscrit d'office à la seconde série des cours prémilitaires ; et l'on a institué récemment pour quelques groupes d'élite un stage dans les régiments de mitrailleurs.

Cette dernière mesure illustre une tendance récente mais précise de l'éducation fasciste : la compléter par des contacts fréquents entre l'Armée et les formations de jeunesse. Depuis longtemps déjà des détachements de Balillas figuraient en tête des défilés militaires ; mais il y avait là surtout une sorte de manifestation symbolique. Tout récemment, et sur l'ordre même du Duce, Balillas et Avantguardistes ont assuré, sous leur propre responsabilité, les services d'ordre et d'honneur à l'Exposition de la Révolution fasciste, à la place de la Milice volontaire : souci légitime, a constaté la presse, d'initier le Balilla à ses fonctions de fasciste ; mais on peut y voir aussi, si l'on songe aux rapports récents établis entre l'Armée et la Milice, un symbole de l'acheminement vers l'unification de toutes les organisations militaires du pays.

Il ne faut pas oublier la place spéciale faite à la préparation maritime et aérienne.

On sait que l'administration des orphelinats maritimes et des navires-écoles a passé du ministère de la Marine à l'Œuvre Balilla. La gestion de ces organismes est assurée, sous le contrôle de l'O.N.B., par des Conseils d'administration partiellement autonomes. Les quatre navires-écoles, basés sur Venise, Bari, Naples et Cagliari, reçoivent gratuitement plus de 700 orphelins de gens de mer ; d'autres élèves peuvent y être admis moyennant une pension modique (6 lires par jour). Mais ces vieux bâtiments étaient peu adaptés aux nécessités modernes de la technique navale, et l'on construit maintenant à leur place, près de la plage d'Anzio, un édifice qui pourra abriter 2.500 jeunes gens.

En outre, à travers tout le pays, et dans chaque ville voisine de la mer, d'un fleuve ou d'un lac, ont été organisées des sections de « Balillas et d'Avantguardistes marins » : le but de l'Œuvre, en collaboration avec la Ligue navale italienne, était de former de jeunes « mousses » rompus aux exercices divers du métier de la mer, de développer par là dans la Nation le goût des sports nautiques bienfaisants au physique comme au moral, de fournir à la Marine Royale un réservoir précieux de recrues. Des concours spéciaux, aboutissant à l'attribution annuelle de coupes-challenges nationales, sanctionnent les différentes phases de l'instruction : natation, canotage, matelotage, exercices dans la mâture, navigation à voile et à l'aviron, lancer de la sonde, connaissances nautiques, documentation sur les marines de guerre, signalisation à bras et par T.S.F., usage des instruments de navigation, exercice et tir du canon de débarquement 76/1917... Cette instruction est actuellement dispensée à 35.000 adolescents.

J'ai visité « Caio Duilio », le siège romain de ces Légions marines. Aux portes de Rome, sur la rive du Tibre que longe la voie Flaminienne s'élève une importante construction, qui abrite 1.000 Balillas et 800 Avantguardistes de Rome, puis, durant l'été, 500 Balillas venus des provinces... Bâtiment astiqué et briqué comme un navire anglais, percé de fenêtres largement ouvertes sur l'éblouissement blond du Tibre. Dans les vastes salles s'étale toute la flore des arts de la mer : filins aux senteurs de goudron, modèles de voiliers aux mâtures aériennes, tableaux chromatiques où s'alignent pavillons, flammes et trapèzes, auprès des feux de position et des règles d'abordage ; cartes des océans, des fonds marins et des cieux étoilés ; postes de T.S.F. ; sextants, jumelles et compas ; ancres et chaînes... Les apprentis marins s'initient à leur futur métier dans un grand luxe instrumental et technique.

Deux grandes chaloupes et une quinzaine de canots se balancent sur le fleuve, à la disposition des élèves ; à terre, une palestre et deux terrains de sport bordent la rivière. Sur l'un d'eux a été réédifiée la mâture complète d'une goélette ; un filet protecteur recueillera, s'il en est besoin, les « *marinaretti* » imprudents.

Un jeune Balilla de service me promène gaiement à travers ce club nautique enfantin, et m'en explique avec une volubilité toute napolitaine les travaux et les plaisirs.

Une « *squadra* » de petits marins fait l'exercice et grimpe à la mâture avec une agilité gracieuse de jeunes chats sauvages... Un vent léger fuit sur les cimes des arbres ; le terrain est plein de soleil ; on entend rire et bruire un manipule de Balillas terriens qui s'exercent sur le stade voisin. Dans ce cadre familier, déjà l'appel du large et l'attirance des horizons nouveaux agissent sur les jeunes cerveaux, les emportent sur les ailes de l'imagination et du rêve.

L'Aviation compte enfin elle-même, parmi les Avantguardistes, de nombreux prosélytes. Il existe quelques centuries d'aviateurs, et l'O.N.B., qui a jusqu'ici confié surtout à l'armée le soin de les instruire, équipe maintenant des écoles, des terrains, un matériel qui lui seront propres. Trois cents brevets de pilote ont été décernés en 1933. Un centre de vol à voile a été installé à Frignano, près de Modène, et constitue la réalisation la plus originale et la plus heureuse en cette matière.

★
★ ★

Cette éducation militaire et physique, l'O.N.B. la complète d'une éducation civique — ou mieux d'une culture fasciste de premier ordre... La guerre de 1914-1918, ses prémices, ses résultats sont exposés — vus de l'Italie — avec grands détails ; on assiste à la naissance du Fascisme, aux diverses phases de la Révolution, à son triomphe, aux réalisations du Régime. Et c'est l'occasion de véritables cours d'économie politique : organisation et subordination des pouvoirs, fondements et buts du nouveau droit, Conseil national du Fascisme et des Corporations, Parlement ; organisation de la Défense intérieure et extérieure de la Nation, de la Police et de la Presse ; statuts du Parti fasciste et de l'État corporatif ; Charte du Travail, lois sociales et d'assurance ; réforme scolaire et juridique ; politique économique, financière et démographique ; politique extérieure...

Les rouages du système sont démontés devant le jeune Italien ; ce n'est plus seulement un acte mystique et aveugle d'adhésion à la religion nouvelle qu'on requiert de lui ; mais une collaboration consciente et raisonnée à l'œuvre pour laquelle, pendant ces dix années, toutes ses facultés auront été exaltées.

Lorsque, à dix-huit ans, l'Avantguardiste ira grossir les rangs des « *Fasci Giovanili* », il apportera au Parti, avec un corps sain et vigoureux, déjà entraîné à la vie du soldat, un esprit marqué au sceau du Fascisme et une âme attachée à ses destins.

★
★ ★

Je vais voir cet après-midi la Casa Balilla et le terrain de jeu du quartier San Lorenzo. J'erre longtemps dans cette périphérie mangée de paupérisme et de soleil avant de trouver la maison de la « *Doposcuola* » où se déversent, aux heures de loisir, les gosses entassés misérablement dans les vieilles demeures lépreuses dépecées en logements sordides. Une foule de petits artisans et de marchands ambulants de pastèques, de peaux de lapins et de « *gelati* » circule bruyamment dans les rues sans trottoirs, trouées de boutiques en contre-bas obscures et malpropres.

L'inévitable milicien raidi par la discipline surveille ce trafic bon enfant.

J'arrive enfin au but : la porte de la Casa Balilla s'ouvre sur la chaleur animale, les rires et le vacarme d'une bande d'enfants. C'est jeudi, jour férié pour les écoles, mais que l'O.N.B. garde ouvrable pour les écoliers. Il est cinq heures, et toute la marmaille masculine des environs — et Dieu sait s'il y en a dans ce quartier prolifique — se bouscule et se presse à l'intérieur de ce « *Dopolavoro* » enfantin.

Un moniteur me promène à vive allure à travers l'établissement. Salles de jeu et de travail ; salle de douches (la lutte héroïque entreprise par le Régime contre la crasse se poursuit énergiquement ici) ; salle de lecture et de correspondance aux tables vernies, aux rayons bondés de livres bien pensants, aux fichiers bien tenus... Au mur, les chromos attendus des nouveaux saints en chemise noire. Sur les tables, des publications « du jeune âge », des albums où s'évoquent scènes militaires, politiques et patriotiques, dont miliciens, soldats et drapeaux accaparent la plupart des pages...

Dans la pièce voisine sont rangés les mousquetons qui constituent l'armement du Balilla. Réduction ingénieuse et exacte du fusil d'ordonnance, les petites armes efficientes et nettes brillent d'un dur éclat et sont sévèrement alignées aux râteliers de ce magasin d'armurerie en miniature. Le moniteur m'en démontre le maniement et j'essaie à mon tour un de ces grands joujoux dangereux (la balle porte à cinquante mètres). Tout fonctionne « pour de vrai » ; on ne refuse aux enfants italiens ni la poudre ni les balles...

Des chants fervents et proches montent dans la légèreté du crépuscule romain... Je descends rapidement l'escalier étroit et j'arrive sur le terrain de jeu. Sur l'herbe pelée de ce stade de fortune, deux centuries de garçons de huit à quatorze ans, rangés par ordre de taille, s'exercent au maniement d'armes. Un commandement bref les fige au garde-à-vous ; entourée d'un état-major d'instructeurs et d'officiers de la Milice, la *contessina* Maria-Lena S..., aide de camp de S. E. Ricci, général en chef de l'Armée de la jeunesse, passe gravement la revue des enfants du quartier.

Maria-Lena s'est vouée au Parti dont le nom seul appelle sur ses traits une expression inattendue d'austérité. Le Fascisme a mis un intervalle extraordinaire entre cette colonelle de vingt ans, droite comme une épée, et les générations féminines de ses ancêtres. Le sens jusqu'alors inconnu de l'autorité et des responsabilités, un savoir accru, des soucis et des affections élargies marquent le pur visage florentin de la « *Fiduciaria* » Maria-Lena : un charme brillant et dur est sur elle.

Contractés par la discipline, raidis dans un pas de parade à la prussienne, les gosses maigres et nerveux de San Lorenzo défilent... Une fanfare locale moud difficilement des airs faciles... En quelques mots, la petite colonelle, bien prise dans sa tenue n° 1, dit aux soldats et aux chefs sa satisfaction : « *Sono contenta di voi...* » ; elle affronte une dernière fois le feu croisé des clairs regards, puis se retire.

Elle s'offre gentiment à me reconduire, et je monte dans la « Balilla » (sept chevaux Fiat dernier modèle) qu'elle pilote dangereusement dans les rues encombrées et denses qu'éclabousse le soleil couchant. Chemin faisant, nous bavardons ; elle parle vite — plus vite encore que moi ; les idées se pressent et s'enfuient, les mots se bousculent sur ses lèvres rouges. Cette patricienne de Florence, dont le nez aquilin, le menton aigu et dur rappellent étonnamment les médailles de l'Alighieri son ancêtre, est devenue une fonctionnaire militante, zélée, exacte du Parti. Elle lui appartient, ne veut entendre parler ni de flirts, ni de fêtes, ni de mariage. « Je trouve mes devoirs dans le Parti. »

Ces mots rendent le son dur de l'airain dont on fabriquait ici les hommes d'autrefois. C'est sur eux que, dans le hall de l'hôtel plein de pèlerins défraîchis, j'ai pris congé de Maria-Lena. Je la regarde s'éloigner de son allure dansante ; rapide, désinvolte, très « grand sport », la colonelle de l'An XI saute dans sa Balilla ; l'auto démarre dans un bond et se perd dans la grande rumeur anonyme et dirigée de Rome fasciste.

★
★★

Je suis remontée dans ma chambre, les bras chargés de brochures et de journaux à l'estampille de l'O.N.B. dont on m'a généreusement encombrée. Et pendant que le soir tombe, je parcours le *Bolletino dell' Opera Balilla*, organe bimensuel du ministère de l'Éducation nationale où se résume au jour le jour toute la vie de l'Œuvre.

De nouveau s'impose à mon esprit lassé l'éloquence obstinée des tableaux et des statistiques. Des chiffres dansent devant mes yeux fatigués : à la fin de l'an X, l'O.N.B. possède 3.763 terrains variés de sport et de jeux, et 1.904 bibliothèques ; 2.279.380 Balillas ou Avantguardistes sont inscrits à ses sociétés sportives ; elle a donné durant l'année 61.302 conférences diverses et 15.153 spectacles cinématographiques avec ses 940 appareils ; elle a représenté durant la même période 2.805 œuvres théâtrales, organisé 1.169 cours techniques et professionnels, dont 312 d'agriculture, suivis par 23.000 auditeurs ; 18.630 inscrits ont fréquenté en Calabre, Sardaigne et Sicile le système spécial de ses 1.515 écoles rurales et cours d'adultes. 9.281 Jeunes Italiennes ont suivi ses cours de puériculture. Toujours pendant l'an X, un demi-million d'enfants ont reçu au point de vue médical la visite des 3.080 ambulants de l'O.N.B. ; 1.037 cours d'hygiène et 613 escouades de « secours urgents » ont fonctionné. N'oublions pas aussi les 2.060 concerts donnés par les 454 orchestres, fanfares ou musiques de l'Œuvre.

Dans d'autres colonnes, et sous le titre « Exemples à suivre », des chiffres encore : ceux-ci détaillent les gestes généreux et les dons de toute nature faits à l'O.N.B. M. de Michelis a donné 1.000 lires, le *cavaliere* Pietro Rosa a envoyé 50 dollars des États-Unis, le baron Antoine Rochefort (de nationalité française) a habillé une centurie Balilla ; une fabrique de vitres a fourni 12 mètres carrés de verre incassable pour la nouvelle maison de l'O.N.B. à Pise. Tous les quinze jours, de nouveaux dons trouvent place à ce tableau d'honneur.

Mais une autre page rend un son plus grave : il n'est plus question de performances pédagogiques ni de prouesses sportives, mais de vertu morale et de jeune courage. En citant ses « héros de la paix » à l'Ordre du Jour des Balillas et Avantguardistes, l'O.N.B. nous transporte sur le plan des forces spirituelles où il voit l'aboutissement de son œuvre ; elle nous montre comment des enfants et des jeunes hommes savent déjà accorder leur vie, et parfois leur mort, à l'idéal du nouveau culte.

Voici quelques-unes de ces citations ; chaque numéro du *Bollettino* en comporte une dizaine :

Balilla Piano Lino, 13 ans, de Cuneo :
23 juin 33. — Voyant un enfant sur le point d'être écrasé par un camion, s'est élancé à son secours et a réussi à le sauver.

Balilla Baleotti Enzo, 13 ans, de Prato :
19 juin 33. — A risqué gravement sa vie en se jetant en eau profonde au secours d'un de ses compagnons qui, sans sa prompte et généreuse intervention, se serait noyé misérablement.

Balilla Popolini Nelle :
Rome, 3 novembre 33. — Soumis à une grave opération chirurgicale, s'est exclamé en souriant avant de se faire endormir : « Vive l'Italie ! Vive le Duce ! »

Piccola Italiana Tomesani Tosca, 12 ans, de Bologne :
12 janvier 33. — Sentant venir la mort, demanda à ses parents de revêtir son uniforme. Exemple constant de discipline et d'attachement à l'Œuvre, a donné ainsi une preuve ultime de sa foi profonde et sincère.

Balilla Cavalli Diulio, 9 ans, de Rieti :
29 mars 33. — Dans chacun de ses actes, a cherché à se rendre digne de son père, grand blessé de guerre, et de l'Œuvre. Est mort en exprimant le désir de revêtir sa chemise noire.

Piccola Italiana Massa Andreina, 12 ans, de Vicence :
23 mars 33. — S'est jetée sans hésitation dans le torrent Agno, où était tombée sa petite sœur, et, luttant contre un courant impétueux, a réussi à sauver l'enfant, que l'eau avait déjà entraînée sur plus de cinquante mètres.

Balilla Tarlazzi Domenico, 10 ans, de Ravenne :

8 janvier 33. — Frappé d'une maladie subite, et se sentant mourir, a exprimé le désir d'endosser la chemise noire et d'être accompagné à son tombeau par un manipule de Balillas.

Balilla Obreli Sergio, 11 ans, de Trente :

3 avril 33. — Quelques jours avant de mourir, demanda instamment à son père l'uniforme Balilla. Exprima à ses parents, qui avaient satisfait son désir, toute sa joie de posséder enfin la chemise noire tant désirée.

Avantguardiste Caramanda Aldo, 15 ans, de Lecce :

18 août 33. — Avec un élan héroïque, se jeta à la mer pour secourir deux jeunes filles emportées par les flots, mais, après avoir tenté désespérément de les sauver, fut lui-même entraîné dans un tourbillon et périt tragiquement, victime de son généreux dévouement.

★
★ ★

Il est très tard. De ma terrasse, je regarde la nuit de diamant bleu qui descend lentement sur la ville après une journée de lourde chaleur.

Je penserai longtemps encore, avant de m'endormir, à ces phrases simples, sans pathos et sans rhétorique, où s'exposent et se révèlent toutes ces jeunes vies données à l'Œuvre fasciste dans un sentiment d'exaltation unanime.

CHAPITRE VII

DEMOISELLES EN UNIFORME

Aux grâces précises des paysages toscans ont succédé les souples collines de l'Ombrie baignées de lumière humide. Tout à l'heure, en quittant Pérouse, de la terrasse de Saint-Pierre di Cassinensi, Assise m'est apparue, étageant à l'horizon le désordre heureux de ses couvents et de ses tours. Un paysage franciscain tout en douceur et en charme s'ordonnait autour d'elle dans une vapeur blonde.

Mais à mesure que nous approchons, la route s'anime, et dans les rampes qui montent durement vers la cité sainte, des autos nous dépassent dans un grand bruit discordant de klaxons impérieux et de vitesses grinçantes. Tout un peuple en liesse se bouscule dans les rues étroites ; la grand'place de l'Église n'est plus qu'un immense garage.

Le hasard me fait arriver au beau milieu des fêtes qui célèbrent le 718e anniversaire de la fondation de l'Ordre de Saint-François. Le portier de l'Hôtel Subiaco me renseigne : les représentants des Ordres souverains de Malte et du Saint-Sépulcre sont venus de toutes les provinces italiennes assister aux cérémonies franciscaines. L'hôtel est bondé de personnages décoratifs et pieux en uniforme de gala : les grandes capes rouges et blanches aux larges croix étalées se mêlent aux habits noirs et aux brochettes d'Ordres multicolores. Tout à l'heure, par les ruelles en spirale et vidées de leur trafic, se déroulera, à la lueur des torches, pour honorer le « *Poverello* » qui vécut dans la bure et la pauvreté, un long cortège de luxe et de splendeur.

★
★ ★

Je cherche mon chemin dans Assise bruissante et grave : j'ai rendez-vous avec Mlle F..., monitrice des « *Giovane Italiane* » de la région, qui m'a promis de me montrer la maison des Petites Italiennes. Une jolie fille aux boucles oxygénées, de ce type « ange florentin » que la mode recrée en trop grand nombre dans ce décor qui ne veut plus le reconnaître, s'offre gentiment à me guider. Je grimpe à sa suite les calades pittoresques qui s'accrochent aux murailles médiévales et contournent les jardins ecclésiastiques.

J'arrive dans un vieux monastère retapé et rajeuni à la fasciste. On y a aménagé des salles de jeux, de réunion et d'études : une palestre y touche ; et le tout est rempli d'un matériel athlétique et culturel dernier cri : livres, haltères, barres de gymnastique font bon ménage.

Mlle F... vient à ma rencontre ; aimable, souriante, bien charpentée, elle est charmante dans son uniforme de « Jeune Italienne », avec ses cheveux plus clairs que sa peau et ses grands yeux gris bleu de chatte siamoise. Elle me conduit aussitôt sur la palestre ; un groupe de jeunes filles de quatorze à dix-huit ans, vêtues du maillot noir et du serre-tête blanc des sportives, chantent sous les arbres verts : le jeu des corps est terminé : « Il est toujours mesuré et sage, me dit la monitrice. Nous choisissons pour nos enfants le tennis, tous les jeux de balle, la gymnastique rythmique, le canotage, le patinage à roulettes ou sur glace, la promenade, les marches et les danses ; en somme un peu de préathlétisme. Nous cherchons surtout à développer la résistance de leur organisme et à en améliorer la conformation ; nous voulons nos jeunes filles plus belles, plus réussies... »

★
★ ★

L'Œuvre des Petites et Jeunes Italiennes n'est que la branche féminine de l'Œuvre nationale des Balillas (O.N.B.) que nous venons d'étudier : les « *Piccole Italiane* » (huit à quatorze ans) correspondant aux Balillas, et les « *Giovane Italiane* » (quatorze à dix-huit ans) aux Avantguardistes.

Les buts de cette organisation des loisirs de l'écolière et de la jeune fille sont ainsi définis :

« Préparer dignement à la vie la future mère de famille des générations nouvelles, en faire une parfaite maîtresse du foyer, non seulement dans les manifestations pratiques de la vie quotidienne, mais aussi dans l'affirmation d'un esprit profondément fasciste.

« Aider l'élan de la jeune fille vers le charme et la beauté ; valoriser ses énergies riches et fraîches dans le domaine le mieux adapté à ses fins et à ses moyens, de façon à former une créature douée des forces régénératrices indispensables au progrès de la famille et par là au raffermissement de la Nation dans l'atmosphère spirituelle du Régime. »

« Aimer la Patrie et contribuer à sa grandeur, dit aussi le document auquel j'ai emprunté ces lignes, c'est avoir le pouvoir d'affronter non seulement les grandes épreuves, mais aussi d'accomplir les petits actes quotidiens de la vie, souvent déplaisants, monotones et fastidieux ; cela veut dire apprendre à mépriser tout ce qui est sordide, bas et impur, comme la calomnie, l'injustice, la lâcheté, quelles que soient les formes qu'elles revêtent. »

« On sert la Patrie en acquérant le respect de soi-même ; et pour une jeune fille, cela signifie forcer le respect d'autrui par les actes, la tenue et la parole. Ces règles s'imposent d'autant plus que la civilisation moderne a mis la femme en contact permanent avec l'homme, au bureau, à l'école, à l'atelier et dans la vie, l'obligeant ainsi à exercer un contrôle rigoureux sur soi-même. (…) Servir la Patrie, cela veut dire aimer le travail et l'activité physique et intellectuelle qui maintiennent et accroissent l'intégrité du corps et de l'esprit ; cela veut dire apprendre à éviter pour soi et pour les autres tout ce qui peut apporter le malheur ou la douleur ; mais cela veut dire aussi savoir affronter l'inévitable sans se laisser abattre et sans faire naufrage, avec la noble énergie que donne la foi en Dieu et en sa volonté. »

« Nous accompagnons donc la jeune fille d'aujourd'hui dans la conquête de sa personnalité la plus fine et la plus complète, nous lui donnons le sens de la responsabilité de ses actes, la conscience de sa propre force, la foi absolue dans l'importance de sa mission. Nous lui donnons l'amour du travail, quels que soient sa nature et son domaine, et la certitude de son utilité pour elle-même, pour les siens, pour la société ; avec joie et avec fierté elle se sentira participer à l'ample rythme du dynamisme humain et, pour en maintenir l'harmonie, elle se donnera tout entière avec sa nature généreuse et passionnée. »

« Le but final de cette œuvre éducative est de créer une femme italienne, fasciste et croyante, forte et sereine, digne et sensible ; une femme qui porte la grâce dans son aspect, dans ses manières, dans le décor où elle se meut ; une femme dépourvue d'affectation, de petitesses, de frivolité ; allègre et active, agile et résistante aux ennuis comme à l'adversité. »

L'organisation qui permettra à l'Œuvre de remplir cette mission est calquée sur celle de l'O.N.B., dont elle est partie intégrante.

Dans chaque commune, Petites et Jeunes Italiennes sont réparties en « groupes » de nombre variable ; chaque groupe est lui-même subdivisé en 3, 4 ou 5 « centuries », chaque centurie en 3 « *manipole* », chaque *manipole* en 3 « *squadre* ». À la tête de chacun de ces organismes est une jeune fille, formée en principe à l'École spéciale d'Orvieto, et qui peut être secondée par un ou plusieurs membres du groupement. Les liens d'une hiérarchie étroite relient entre elles ces jeunes Directrices, jusqu'au « chef de groupe ». Les chefs des groupes communaux sont eux-mêmes placés sous l'autorité d'une « Femme de confiance » (*Fiduciaria*) qui représente l'Œuvre au sein du Comité communal de l'O.N.B. ; toutes les *Fiduciarie* d'une province dépendant elles-mêmes d'une *Fiduciaria* provinciale affiliée au Comité provincial de l'O.N.B. Le contrôle de l'O.N.B. sur l'organisation et le fonctionnement de sa branche féminine est ainsi permanent et étroit.

Les Fiduciarias sont nommées par la Présidence centrale ou les Comités provinciaux de l'O.N.B. et choisies de préférence dans le personnel enseignant et parmi les membres du Parti.

Le recrutement des *Piccole* et *Giovane Italiane* est, comme pour Balillas et Avantguardistes, volontaire sous réserve de l'autorisation des parents. Au 1er mai 1933, comme nous l'avons vu, les chiffres atteints étaient les suivants :

Piccole Italiane : 1.278.237.

Giovane Italiane : 121.689.

On voit que le même enthousiasme a présidé à l'enrôlement des petites filles et à celui des Balillas. On n'en peut dire autant des « *Giovane Italiane* » ; mais il ne faut voir là que la survivance, peut-être temporaire, des traditions familiales qui, dans les pays latins, retiennent encore les jeunes filles au foyer jusqu'au mariage qu'elles abordent fort jeunes, et qui font craindre pour elles l'effet d'une liberté, d'un entraînement physique et d'un coudoiement social que certains parents « rétrogrades » jugent excessifs.

L'uniforme de cette jeune armée qui forme maintenant un spectacle habituel des villes d'Italie est gracieux et seyant. Blouse blanche à col rabattu, sans cravate pour les petites, avec cravate noire pour les « *giovane* » ; jupe bleue plissée ; chaussures noires ; chaussettes blanches ou noires suivant la catégorie ; béret de laine noire (*piccole*) ou bleue « à la Raphaël » (*giovane*) ; grand manteau de laine bleue.

Toute cette jeunesse est astreinte au salut fasciste. Les sanctions inscrites au règlement prévoient, suivant la gravité des fautes commises, l'avertissement oral, l'avertissement écrit transmis aux parents, la suspension provisoire ou la radiation définitive.

★
★★

Les moyens matériels de l'Œuvre sont à la hauteur de ses buts spirituels. Sur tout le territoire, des maisons confortables, parfois luxueuses, toujours installées de façon moderne, abritent Petites et Jeunes Italiennes. Des terrains de sport et d'exercices y sont adjoints ; des promenades, des excursions, des visites apportent l'air du dehors. Tout est combiné pour que l'enfant et la jeune fille dans les heures de loisir que leur laissent l'école et la famille — et parfois même au détriment de cette dernière — soient encadrées, suivies, entraînées dans un rythme constant.

À l'intérieur des groupements, l'action spirituelle et physique « qui tend à soulever la jeune Italie sur le plan idéal de la vie fasciste » s'exerce dans un esprit de collaboration étroite avec l'action voisine de l'École, et d'après des principes qui, sans restreindre l'initiative des maîtresses, leur imposent une unité de direction, de méthode et de doctrine.

C'est dans quatre domaines différents que se poursuit cette formation de la Femme : Éducation civique, Éducation domestique, Culture fasciste et Éducation physique. Dans chacun de ces domaines, les diverses matières sont enseignées au cours de « journées » qui prennent le nom du sujet traité.

C'est ainsi que l'Éducation civique des Jeunes Italiennes, en parfait accord avec les directives du Parti, comprend, après la Journée de la Patrie (Guerre et Révolution), celles du Duce, du Fascisme et de la Religion.

L'Éducation domestique, sous le vocable général « Journée de la femme fasciste », se subdivise en journées consacrées à la maison, à l'hygiène, à la puériculture, à l'assistance et aux secours d'urgence.

La Culture fasciste, « qui n'est pas seulement action extérieure, mais aussi formation intérieure et personnelle », s'obtient par des conférences et des projections éducatives, par des promenades instructives, par des séances de chant collectif. Chaque organisme doit en outre posséder une petite bibliothèque, une installation cinématographique et une discothèque.

Enfin, l'Éducation physique a les journées de l'Assistance sanitaire avec visites périodiques aux colonies marines et alpestres et celles de la gymnastique sous toutes ses formes : médicale, rythmique, jeux ordonnés et jeux libres. À elle se rattachent les promenades, les excursions de caractère artistique, historique, scientifique ou sportif, les concours et compétitions, l'enseignement de la danse.

★
★ ★

Les programmes de cette instruction féminine d'après l'école se rapprochent naturellement de ceux que nous avons vu appliquer aux Balillas et aux Avantguardistes. Mais c'est justement une des profondes originalités du système fasciste que d'avoir étendu à la jeune fille des connaissances et des notions qui lui étaient autrefois étrangères ; et il est intéressant, à ce titre, d'étudier en détail quelques-uns des schémas qui ont été établis d'avance, à l'usage des monitrices, pour les diverses « journées ». On y verra à nouveau le Parti dresser son bilan orgueilleux, et son souci constant d'allier le sens des réalités aux buts purement spirituels dans sa conquête des jeunes esprits.

Voici par exemple le schéma de la « Journée de la Guerre et de la Révolution » :

Conditions politiques, économiques et morales de l'Italie en 1914. — Neutralité et intervention. — Mussolini polarise tout l'interventionnisme italien. — 24 mai 1915. — Épisodes de guerre et d'héroïsme. — Organisation de la résistance civile aux côtés de la résistance militaire, sur la nouvelle ligne de la Piave. — Bataille du Piave. — Vittorio Veneto. — Mussolini blessé. — Les grandes figures de l'irrédentisme. — Guerre sur mer et dans les airs. — Le culte du Soldat inconnu.

Conditions misérables de l'Italie défaitiste de Nitti qui renie toute valeur morale et patriotique. — Haine contre les gloires de la guerre dont on veut chasser même le souvenir. — Chasse aux officiers en uniforme, aux décorés, aux volontaires de guerre. — Attaques cyniques contre les mutilés. — Amnistie aux déserteurs. — Occupation des fabriques. — À Milan, le Duce, après l'Armistice, reprend la lutte contre les bandits de l'intérieur. — Une poignée de jeunes gens, nés de la guerre, suit le grand Chef dans son combat sans répit, féroce et héroïque, tenace et désespéré. — Les actes bolchevistes. — Les martyrs fascistes. — Les enfants martyrs. — Les mères.

De la via Lovanio, foyer de la Révolution, part l'ordre de la Marche sur Rome. — Le Duce est appelé par le Roi pour guider le sort de la Nation : l'Italie commence sa marche vers ses nouveaux destins.

Le rôle de la Femme dans les œuvres d'assistance pendant et après la guerre.

Voici celui de la « Journée du Duce » :

Biographie du Duce en insistant sur son enfance. — Rosa Maltoni Mussolini, la mère très aimée qui devine la grandeur de son fils. — Adolescence et jeunesse. — Études. — Amour du Duce pour le Peuple. — Le Duce à Milan fonde le *Popolo d'Italia.* — Son engagement volontaire. — Son action au front. — Sa blessure. — Sa rencontre avec le Roi.

Après l'Armistice, le Duce reprend son poste de combat sur le front intérieur.

Fondation du Fascisme, qui exalte la Patrie, renie les doctrines individualistes, se débarrasse du libéralisme de la démocratie et du socialisme. — Morale du Fascisme. — L'insurrection armée contre l'ancien État.

Mussolini dans la guerre ; chef du gouvernement ; réformateur de l'État ; père de famille ; écrivain ; orateur ; sportif.

C'est un copieux programme que celui de la « Journée des Lois et des Œuvres fascistes ».

La première partie se rapporte au « *Risorgimento* — la Guerre et la Révolution fasciste ».

Historique bref du *Risorgimento* italien de 1815 à 1915 ; on mettra surtout en relief l'unité et la continuité du mouvement de renaissance nationale qui, de la campagne de 1848, aboutit à la Marche sur Rome et ne se terminera que quand l'Italie sera rendue à sa mission impériale.

À titre d'exemple et de guide, on indiquera les raisons géographiques, économiques, stratégiques, historiques et traditionnelles pour lesquelles l'Italie n'a d'autre alternative que le rôle de dominatrice ou l'humble destin de servante des autres nations méditerranéennes.

Histoire du Fascisme, depuis la campagne interventionniste de Mussolini jusqu'à la conquête du pouvoir.

Le second temps de la Révolution fasciste, depuis la constitution du premier ministère fasciste jusqu'à l'épisode de juin 1924.

Comment et pourquoi le Fascisme, une fois conquis le pouvoir, s'est vu dans la nécessité impérieuse d'infuser à la vie de l'État démo-libéral en décrépitude les frais et jeunes courants de la Révolution, en réformant les institutions du droit public trop imprégnées de théories étrangères à l'esprit et à la mentalité latine (le libéralisme est de marque anglaise, la démocratie remonte aux « immortels principes » de la Révolution française, le socialisme et le communisme sont germano-russes).

La législation fasciste, dans son ensemble, et comme affirmation de l'esprit juridique latin et italien qui se greffe sur les traditions romaines, est en réaction contre toute influence étrangère et se prépare à donner à l'Italie et au monde un nouveau droit public, comme Rome leur a donné le droit privé (le droit privé romain domine encore après vingt siècles toutes les nations civilisées).

La seconde partie traite « des réalisations du Régime ».

a) *Les lois de Défense et leur caractère.*

La Milice volontaire pour la Sûreté nationale. — Son rôle en temps de guerre.

Les lois sur les associations secrètes, la bureaucratie, la presse, contre les émigrés.

Les nouvelles lois sur la sûreté publique et le rôle de la police.

Les règlements pour la défense de l'État ; la peine de mort, le Tribunal révolutionnaire.

Les lois de Défense extérieure. La réorganisation de l'Armée, de la Marine et de l'Aéronautique. Les lois sur la mobilisation.

b) *La réforme sociale et la Charte du Travail.*

Considérations générales sur le mouvement ouvrier et les questions sociales. — Le Syndicalisme et la lutte des classes. — Le syndicalisme fasciste et l'État corporatif.

La loi du 3 avril 26. La reconnaissance des associations syndicales.

Le contrat collectif de travail. Interdiction de la grève et du lock-out. La Magistrature du Travail.

L'encadrement syndical. Le nouveau Parlement et le Conseil national des Corporations.

La Charte du Travail : État corporatif. — Contrat collectif. — Garanties du travailleur. — Offices d'arbitrage. — Assistance, prévoyance, éducation.

Valeur sociale de la Charte, symbole de la nouvelle civilisation fasciste.

c) *La réforme constitutionnelle et administrative.*

Le domaine parlementaire. — Les prérogatives du chef du gouvernement. — Le Grand Conseil et son rôle. — Les lois électorales. — Les statuts du Parti national fasciste ; son rôle dans le nouveau droit public. — La réforme administrative et municipale.

d) *La réforme éducative.*

L'école italienne avant le Fascisme. — Les effets de la réforme dans l'enseignement primaire, secondaire et supérieur. — L'enseignement religieux : son importance historique, morale, politique et traditionnelle. — L'école fasciste. — L'Œuvre nationale Balilla, ses règlements politiques et militaires. — L'assistance scolaire et sanitaire. — La prévoyance et l'assurance. — L'éducation physique à l'école. — Le problème des stades et de leur direction. — L'Académie fasciste d'Éducation physique. — L'éducation morale et politique. — L'Œuvre nationale « *Dopolavoro* ». — Le cinématographe éducatif.

e) *La législation en matière de protection et d'assistance.*

L'Œuvre pour la protection de la Maternité et de l'Enfance. — La valeur politique, éducative d'assistance et de prévoyance des organismes syndicaux. — Les caisses nationales pour les accidents et les maladies sociales. — Coordination des lois et des initiatives privées d'assistance et de prévoyance dans la législation fasciste.

f) *Indications sur la réforme des codes.*

g) *La politique économique et financière du Fascisme.*

L'économie et les finances publiques avant le Fascisme. — Le premier effort du gouvernement national pour équilibrer les budgets. — La discipline des émissions. — L'Institut des changes. — Le retour à l'étalon-or et à la liberté des échanges. — La stabilisation des dettes de guerre. — L'amortissement de la dette publique. — Les rapports commerciaux avec l'étranger ; traités de commerce. — La réfection de l'économie intérieure. — La politique rurale et artisanale du gouvernement. — La bataille du grain ; la réglementation de l'agriculture. — La loi sur la bonification intégrale. — Les travaux publics.

h) *Indications sur la politique coloniale.*
Pourquoi l'Italie a un besoin vital de colonies.

i) *La politique religieuse du gouvernement fasciste.*
Avant le Concordat. — L'entente avec le Saint-Siège, son importance historique et politique. — Le régime du Concordat ; les rapports
de l'État et de l'Église.

l) *La politique démographique du gouvernement fasciste.*
Ses débuts (discours de l'Ascension en mai 27) et ses développements. — Le problème démographique en Italie et à l'étranger. — La
théorie de Malthus et ses excès.

m) *La politique extérieure.*
Les traités de paix et leur iniquité envers l'Italie. — La question de
Fiume et sa solution. — L'épisode de Janina où s'affirme le nouveau
principe d'indépendance et de dignité nationale qui guide la politique
extérieure du Fascisme.
Le rôle de l'Italie à la S.D.N. et aux conférences du désarmement.
La générosité de la politique italienne envers les États ex-ennemis.
Les récents traités d'amitié et leur signification.

Citons enfin le programme, qui nous intéresse tout spécialement, de la « Journée de la Femme fasciste ».
Et d'abord les principes moraux :

Connaître la Patrie pour apprendre à la servir. — Comment la
femme fasciste sert la Patrie. — Sa contribution à l'éducation fasciste
des hommes : frères, mari, fils.
Les Petites et Jeunes Italiennes, pour devenir cent pour cent fascistes, devront apprendre : à obéir joyeusement ; à se délivrer des mauvaises habitudes ; à surmonter leurs caprices ; à éviter la légèreté et les
excès de la mode ; à s'opposer au mal ; à mépriser ceux qui conseillent
le mal et tournent l'honnêteté en dérision ; à se garder saines de corps
et d'esprit ; à vaincre la douleur physique et morale ; à servir la Patrie
dans l'humilité et le silence.

Pour réaliser ce programme spartiate, on recommande avant
tout de créer et de développer, là où ils existent déjà, des cours
d'« Éducation domestique et d'hygiène, de puériculture et de
secours urgents, avec applications pratiques ». Les familles

devront se rendre compte de l'importance de ces cours, qui disposeront du matériel strictement nécessaire et suffisant, à l'exclusion de « tout matériel de luxe ». On s'attachera à montrer comment on peut, avec les moyens d'une famille bourgeoise, si modestes soient-ils, améliorer la vie familiale.

Quant à la puériculture, son importance est primordiale ; l'inexpérience, l'ignorance, la légèreté et l'étourderie des mères les rendent inaptes à la tâche grave et délicate de la première éducation ; elles sont souvent responsables de la mortalité infantile et de la mauvaise croissance physique et intellectuelle des enfants.

Ces cours devront être surtout pratiques ; le but qu'on se propose sera atteint s'ils peuvent être installés dans le voisinage des crèches de l'Œuvre de la Maternité et de l'Enfance.

Le schéma de la Journée entre alors dans les détails :

Éducation domestique :

La Femme à la maison ; son influence bonne ou mauvaise. Ses devoirs envers elle-même, la famille, la société et la Patrie. — Les vertus familiales. — La femme reine du foyer, éducatrice des fils. — La femme près du lit d'un malade ; nécessité de connaissances médicales élémentaires. — L'école ménagère. — Nécessité d'une comptabilité domestique journalière. — Emploi des petites économies. — Les bienfaits de la propreté et de l'ordre, dans le domaine matériel et moral. — La femme à la cuisine ; l'heure des repas et son importance physique et morale. — L'abus du vin et ses dangers. — L'économie et l'élégance dans la tenue de la femme et l'arrangement de la maison. — La femme au jardin. — L'amour des enfants ; les soins matériels et moraux à leur donner. — La femme et la foi religieuse : c'est dans les principes de la religion chrétienne que l'adolescente trouvera de quoi nourrir les sentiments de morale et d'abnégation qui devront dominer sa vie ; de quoi la guider dans la sublime résignation aux adversités grandes et petites où elle verra la main de Dieu.

Imprégnées des principes divins, habituées à l'idée du devoir et du sacrifice, les Jeunes Italiennes apprendront la douceur et l'énergie ; elles entreront dans la vie riches de cette bonté tendre et prévoyante qui les illuminera et les soutiendra, et les préparera aux renoncements spirituels et matériels où s'affirmeront la solidité de leur caractère et l'élévation de leur âme.

Hygiène générale :

La maison : sa position — disposition et arrangement des locaux habités. — Principes de propreté et d'ordre ; règles simples et pratiques. — Parquets. — Meubles. — Désinfection. — Lutte énergique contre les insectes.

La cuisine : arrangement ; propreté journalière, hebdomadaire, mensuelle et annuelle.

Chambres à coucher : disposition ; le lit, matelas et coussins. — Armoires et commodes. — Tableaux. — Tentures. — Papiers.

Salle à manger : disposition. — Propreté du parquet. — Aération.

Salle de bains : orientation par rapport à la cuisine et aux chambres. — Propreté et hygiène.

Aliments : valeur nutritive et commerciale. — Cuisson des aliments. — Principaux aliments. — Aliments d'origine végétale et animale. — L'importance de leur union dans l'alimentation. — Vitamines : leur valeur ; aliments qui en contiennent. L'altération des aliments : moyens de la déceler et de l'empêcher. — Maladies causées par l'ingestion d'aliments gâtés. — Préparation d'un bouillon pour un malade. — L'importance des approvisionnements en gros ; quand et comment il faut les faire.

Lessive : les divers moyens employés.

Puériculture :

Hygiène de la mère pendant l'allaitement. — Hygiène de la chambre. — Air. — Lumière. — L'allaitement. — Les bains. — Habillement du nourrisson. — Déformation de l'enfant par suite de mauvaises positions. — Les négligences et les préjugés. — Les dents. — Les premières maladies.

Secours urgents :

Sang-froid. — Rapidité. — Désinfection d'une blessure. — Pansements. — Étourdissements. — Asphyxie. — Soins immédiats. — Fractures.

★
★★

Quand elle abordera sa vie de femme, de quoi n'aura-t-on pas parlé à la jeune fille italienne d'aujourd'hui ?

À l'école, même élémentaire, l'instruction fragmentaire et réduite d'autrefois aura été rassemblée en un tout cohérent et complet propre à faire naître et fructifier l'individualité de l'enfant.

Aux heures de loisir, l'Œuvre des « *Piccole e Giovane Italiane* » aura développé cette instruction dans le sens d'une culture générale et humaine ; des domaines qui lui étaient jusqu'ici dédaigneusement fermés, politique, économie, législation, finances, lois du travail et lois sociales, se seront eux-mêmes entr'ouverts devant elle. Elle connaît, fût-ce sommairement, tous les problèmes qui sollicitent dans le monde moderne l'activité des nations et des individus, et les solutions qu'y a apportées l'État fasciste. Ce gouvernement « oppresseur des esprits » se justifie à ses yeux, dépose devant elle le bilan de son action, ne lui laisse rien ignorer de ses doctrines, de ses buts, de ses projets et de ses rêves. Elle sait la place qu'il a faite à l'Italie dans le monde, et celle toujours plus grande qu'il veut lui faire. Ardente adepte du nouveau culte, elle pourra plus tard suivre les développements de la politique fasciste, non plus seulement dans un vague sentiment affectif, mais avec l'objectivité d'une croyante qui a pénétré les dogmes de sa religion.

Parallèlement, on l'aura préparée pratiquement autant que moralement à son rôle futur de femme, de mère et de ménagère ; toutes ses énergies physiques et spirituelles auront été tendues, développées, exaltées pour l'accomplissement de la tâche que requiert d'elle la Patrie fasciste.

Elle n'est plus qu'un désir passionné et raisonné de servir…

★
★ ★

Je ne puis m'arracher au séduisant spectacle de ces jeunes filles en fleur. Presque toutes sont fortes et saines, et demain seront belles ; quelques-unes semblent plus fragiles ; mais je sais déjà que pour elles sont organisés des cours spéciaux de gymnastique corrective et médicale, sous la surveillance des médecins de l'O.N.B.

Mlle F… lève sur moi ses yeux en or gris qui ont l'éclat dur d'un joyau. « Voyez, me dit-elle fièrement, nous avons ici des enfants de toutes conditions. Riches et pauvres, princesses et filles de concierge se retrouvent sur le même terrain, dans les mêmes sentiments, les mêmes plaisirs et les mêmes jeux ; et cela est bien ainsi, car nous sommes de vraies démocrates. »

Enflammée d'orgueil et de culture fasciste, machine intelligente animée et adroite, rouage impeccable d'un système d'horlogerie sans défaut, la petite « *capo gruppo* » me promène maintenant à travers la vaste bâtisse. Dans une longue salle voûtée et blanche, deux ou trois escouades de « *piccole italiane* » sont émiettées. Les images obligatoires du Fascisme, de la Patrie et de la Religion sont aux murs ; et dans ce décor déjà classique de la vie corporative de l'an XII, les demoiselles en uniforme lustrées, robustes et sages, prennent gravement leur leçon de puériculture. Je tombe précisément sur la journée de la « *Donna fascista* » ; elle est chargée d'hygiène, de civisme et de morale. La « *capo squadra* » de service parle simplement, de plain-pied, avec une voix flexible, de la famille, du pays, de la maternité, « votre métier de demain matin, le plus beau de tous ». Sa voix sonne pénétrante et juste, elle situe et anime son récit ; les petites se penchent, leur jeune front plissé d'attention, elles écoutent de tout leur cœur ce mélange étonnamment réussi de leçons de choses, de morale, de poésie et d'idéologies démographiques.

Mais la « *Doposcuola* » d'aujourd'hui est terminée. L'Angélus tinte, liquide et pur ; les Petites Italiennes se lèvent, saluent en grande hâte et s'en vont trois par trois, de leur pas cadencé et léger, dans les ruelles illogiques et tortueuses aux pavés pointus. Le joli groupe enfantin se perd dans la foule.

★
★ ★

Ces petites filles modèles, élevées par sainte Catherine de Sienne, coiffées à la Jeanne d'Arc, mystiques, prolétariennes et guerrières, pionnières enfantines de la vie collective, ont très peur de rater la pieuse cavalcade qui descend chatoyante et dorée vers l'église surbaissée pour glorifier saint François. La nuit monte, indifférente et belle, sur la cité sainte ; les couvents

fortifiés, les tours pacifiques resplendissent dans la lumière trem-
blante des torches. Sur les degrés des rampes, sur les pignons,
au rebord des fenêtres, partout s'allument dans la joie populaire
d'innombrables godets de résine comme autant de petites âmes
palpitantes ; la ville haute n'est plus qu'une immense vibration
lumineuse.

Une odeur chaude de cierges, de pinède et d'oignons doux
traîne dans les ruelles et les places. Un chant très ancien oscille
avec la procession et s'engouffre avec elle dans l'église flam-
boyante.

Dans une heure, tout sera fini et la parade sacrée sera terminée. Chevaliers de Malte et du Saint-Sépulcre auront rangé bro-
deries, épées et capes au magasin des accessoires. La petite salle
à manger provinciale et désuète de l'Hôtel Subiaco bourdonnera
de potins mondains ; cependant qu'au milieu d'un cercle dévot
de vieilles *misses* admiratives, un gros moine irlandais, jovial,
médiéval et très rouge se gavera de pâtes savoureuses.

… Au-dehors, Assise s'endort dans la paix étoilée d'une nuit
franciscaine.

CHAPITRE VIII

COLONIES DE VACANCES : CALEMBRONE

Je quitte Florence par un de ces matins dorés de septembre où l'incomparable lumière toscane se pare de ses plus émouvants prestiges. C'est une fête grave qu'elle nous donne par ces jours d'automne ; dépouillée, dénudée, spiritualisée, s'offrant dans son essence, elle n'est plus qu'amour, sensibilité, dévouement total à l'objet ; elle le sculpte, le pénètre, l'approfondit et le révèle à lui-même ; par les signes du dessin, du relief et de la couleur, elle l'éveille à la vie symbolique, et cette vie symbolique est déjà une vie parfaite... Le jet fusant de ces cyprès dans l'air bleu, ces maisons halées de soleil, ces champs brûlés, ces molles collines, ces eaux vives : il semble que tout dans ce décor heureux ait été pensé dès le début des siècles et disposé là de toute éternité sous l'effet d'une volonté nécessaire. À peine éclos à la lumière, ces paysages deviennent classiques ; et des générations de peintres y retrouveront la permanence de leurs rêves.

Inflexible, rectiligne, l'autostrade à l'odeur de vendange et de pétrole tranche dans le vif de la campagne comme dans un fruit mûr ; les moteurs y chantent à pleines cylindrées. Il fait éclatant et chaud ; les cultures toscanes s'épanouissent : les vignes rouges étalent leurs feuillages cuivrés sur la terre sèche...

Par un chemin de traverse, bossué de « cassis » qui rendent l'auto plus prudente, nous gagnons la côte. Des deux côtés, ce sont maintenant des landes plates autrefois conquises sur la mer, semées de sel, tachetées d'herbes marines ; des canaux les strient de raies parallèles ; des barques y passent parfois, silencieuses, sous de grandes voiles roses inclinées : paysage de paix hollandaise...

Tout le long de la côte, de Pise à Livourne, la pinède s'étend et masque la mer. Barrière difficile à franchir ; il faut s'y reprendre à plusieurs fois par des chemins embryonnaires. Au sortir de la forêt saline, la longue plage m'apparaît enfin, et la mer matinale. Calembrone la borde, ville neuve que vient de faire surgir des sables l'Œuvre fasciste des Colonies d'été.

Cette Œuvre, neuve elle aussi, se rattache étroitement, sous la direction effective du Parti, à son programme d'éducation physique et morale de la jeunesse. Elle se propose de faire profiter chaque année le plus grand nombre possible d'enfants des bienfaits du soleil et du grand air. Débutant avec des moyens de fortune, s'adjoignant et contrôlant les initiatives privées, s'appuyant sur tous les dévouements, elle peut dès maintenant être fière du chemin parcouru.

1.781 colonies ont en effet fonctionné au cours de l'an XI de l'ère fasciste (1932-1933) : 500 au bord de la mer, 323 à la montagne, 944 stations héliothérapiques, 14 stations lacustres ou fluviales. Elles sont du type permanent, saisonnier ou diurne. Elles ont reçu dans l'année 348.435 enfants, pour des séjours de 35 à 45 jours.

Dans ces cités nouvelles du plein air, les grandes villes d'Italie, les grandes industries, les collectivités ont édifié les maisons ensoleillées qui abriteront leurs enfants. Grâce à leurs subventions, aux cotisations privées, aux dévouements individuels, l'Œuvre vit bon marché et sans grever le budget de l'État.

Elle doit se développer encore, et le rapport annuel du Secrétaire général du Parti, l'On. Starace, annonce les progrès envisagés : le contrôle des secrétaires fédéraux se fera plus serré, les organisations privées se plieront plus étroitement à la discipline officielle, les colonies temporaires deviendront graduellement permanentes, les cures de soleil seront intensifiées, le personnel assistant sera sévèrement sélectionné et recevra dans chaque province une formation spéciale.

Tout au long de la mer Tyrrhénienne, les colonies marines se sont installées une à une à l'ombre des pins, à l'abri des falaises, sur les plages dorées. L'architecture nouvelle du Régime — celle que ne s'est pas encore donnée la France victorieuse — y déploie sa jeune fantaisie et ses audaces souvent heureuses. Certaines réalisations, telle la maison de Fiat à Forte dei Marmi, semblent écloses du rêve d'un metteur en scène d'Hollywood.

À Calembrone, une des dernières cités venues au monde, une activité américaine règne encore ; on bâtit, on défriche, on trace des routes. À l'orée de la pinède, l'église, la gare où des michelines déverseront des cargaisons d'enfants, un restaurant, la poste, un « bar-tabac »… Sur la plage, dans un ordre strict, les maisons monochromes, couleur de sang séché, aux façades lisses et dures percées de larges verrières, regardent la mer. De l'une d'elles — la Villa Rosa Maltoni destinée aux enfants des « *ferrovieri* » — une vis sans fin gigantesque s'élève, trapue, déconcertante, comme une évocation futuriste : c'est la tour téléphérique pour cures de soleil, curieux cylindre au ton cru où s'enroule la spirale d'un escalier extérieur…

À l'entrée de la « *casa* » de la ville de Florence m'attend le capitaine Debolini qui la dirige et me fait visiter son domaine. Nous parcourons les pavillons étincelants de lumière, les vastes réfectoires, la cuisine électrique aux murs bleus, aérée, nette comme un laboratoire. Partout des petits meubles clairs, des fresques aux vives couleurs, de gaies faïences. L'hygiène rejoint ici l'esthétique.

L'établissement peut recevoir en même temps 500 enfants ; garçons et filles habitent des pavillons séparés. Les salles de douches, de blanchissage, les logements des maîtres et du personnel regardent la forêt bleuissante ; les dortoirs, vastes et monastiques, aux murs nus, ouvrent sur la mer. Longues rangées de petits lits blancs ; lavabos aux jets d'eau coupants et vifs ; armoires individuelles…

Mais c'est la plage qui est ici le vrai centre de la vie collective ; toutes les heures que ne prennent pas le sommeil ou la nourriture, les enfants les vivront dans ce large rectangle de sable qu'entourent les bâtiments en bordure de la mer. Au milieu de cette « *aula* », un mât de pavillon où monteront les couleurs dans la fraîcheur de l'aube. Face à lui, et se détachant sur le portique d'entrée, un buste de Mussolini, aux lignes schématisées, aux méplats soulignés, sculpté dans une matière poreuse que, le soir, un éclairage intérieur fait briller comme un phare... Sous ce double signe de la Patrie et du Chef, les petits Italiens se laissent bercer par la mer latine.

Ils passent ici 35 à 45 jours ; à l'arrivée, ils sont mesurés, pesés, examinés, scrutés un à un ; ils reçoivent l'uniforme de la colonie, costume de plage en laine fortement échancré, tabliers à raies blanches et bleues pour les garçons, blanches et roses pour les filles : dans le désordre de la plage, chacun reconnaît ainsi facilement les siens.

L'horaire de la journée est invariable. On réunit le matin la troupe enfantine ; filles et garçons, sous la conduite des maîtres et des maîtresses, se rassemblent autour du grand mât surgi du sable cuivré ; les trois couleurs montent lentement au sommet ; les enfants saluent à la romaine. « Nous leur montrons que chaque matin le soleil les bénit en même temps que l'image de la Patrie... » Puis une brève prière face à la mer : ils invoquent l'aide de Dieu pour le Pays qui les veut grands, beaux et forts ; pour le Chef qui tient entre ses mains leurs destins et qui, père Noël immense, *Papa Grande* merveilleux, a inventé pour eux cette côte heureuse et cette hygiène en action. Des chants rassemblent les voix claires ; puis, demi-nus, ils vont sur la plage s'étendre, jouer et nager au soleil. À midi, le déjeuner, puis la sieste ; à 16 h 30, le goûter, puis la promenade le long de la mer et tous les jeux imaginables... À la tombée de la nuit, le dîner que suit aussitôt le repos : le sommeil n'est pas long à les prendre dans leur épuisement de joie animale.

La nourriture est saine, abondante, riche en calories ; les 500 pensionnaires consomment chaque jour 250 litres de lait, 50 kilos de viande, deux quintaux de légumes frais et autant de fruits — sans compter les pâtes. Le pain, les confitures, le miel et le sucre sont à discrétion.

Le capitaine me montre les statistiques et les chiffres. À Calembrone, chaque journée d'enfant ne coûte que cinq lires. Il est vrai que le personnel éducatif et surveillant se compose d'instituteurs et d'institutrices qui abandonnent volontairement et sans exiger de rétribution une partie de leurs vacances. Cuisinières et femmes de service sont peu nombreuses — 5 ou 6 — et travaillent, elles aussi, pour la « cause » à tarif réduit.

L'augmentation de poids des mioches après cette cure est sérieuse : 2 à 3 kilos en moyenne au bout des trente-cinq jours.

Le capitaine est touchant et gentil ; on sent qu'il est heureux de cette charge de 500 vies, de ces journées encombrées de visages rieurs. Nous bavardons un peu : il me parle de sa vie passée d'aviateur ; il évoque ses vols sur Vienne, Venise, d'Annunzio... gloires en veilleuse. Le regard clair, énergique, ce « demi-solde » italien est râblé, rond et sympathique... « Après la guerre, j'ai quitté l'aviation. J'ai marché sur Rome, moi aussi ; puis j'ai dit à mes chefs : "J'aime les *bambini* ; les nôtres sont chétifs et misérables. Je les soignerai, je leur ferai des poumons, des nerfs et des muscles ; et je vous donnerai de la graine d'aviateurs... Il faut accroître la valeur de notre capital humain, et pour une Italie nouvelle refaire une race nouvelle..." Ils ont accepté ; et depuis six ans je vis parmi les gosses. Je viens de voir naître Calembrone, je me suis attaché à l'Œuvre et à mes mioches. Toute ma vie est là... Évidemment, faire la mère poule après avoir fait l'aigle ("*fare la gallina dopo aver fatto l'aquila*") c'est moins reluisant... Mais c'est une tâche féconde ; et, comme il est dit au Décalogue du milicien fasciste : "La Patrie se sert aussi bien en montant la garde auprès d'un bidon d'essence..." »

★
★ ★

J'ai parcouru la côte de Calembrone à Vintimille. Un jeune peuple y vit demi-nu sur les sables blonds. Dans l'hygiène et la moralité d'une immense nursery, les enfants italiens jouent avec ces jouets inoffensifs et merveilleux : une vraie mer, une plage pour de bon, l'espace, la liberté. Les petits prisonniers des villes arrivent en masses serrées (158.136 cette année pour les seules colonies marines) ; suralimentés (2.500 calories par jour), vitaminisés, salés, durcis, les souples corps couvrent les plages.

J'ai voulu interroger cette bruyante enfance ; mes dialogues sont restés élémentaires, mais sentimentaux et gentils. « Vous allez bien ? — *Benissimo*. — Que faites-vous ? » La réponse est difficile à saisir, car tous parlent à la fois, mais disent des choses différentes. Enfin les voix les plus fortes dominent le tumulte : « Nous nous amusons... Nous jouons dans l'eau... Nous faisons ce que nous voulons... Nous sommes en villégiature, proclame même pompeusement un orgueilleux... » Cette jeunesse n'est pas bavarde, mais elle a dans sa joie quotidienne le charme et la gaucherie du bonheur ; les larges yeux agrandis disaient l'amour de vivre, un bien-être allègre et total.

Comme à Calembrone, les belles journées s'écoulent entre le lever et le coucher du soleil et des drapeaux. Elles se partagent entre les jeux, les bains, les chants et les repas.

Et le même soleil hâle, sur les pentes des monts, sur les sommets à l'air vif, le long des lacs et des fleuves, d'autres groupes d'enfants, joyeux et robustes... « Le bonheur sans histoire demeure avec nous », m'a dit une de leurs monitrices.

Une race belle et forte grandit dans le culte aristocratique des corps, dans l'exaltation physique de l'instinct et du jeu, ces forces vives qui produisent des hommes. Il m'a semblé que dans la lumière verticale et vibrante, les Dieux méditerranéens sortaient des pinèdes, des ruines et des eaux, entraient dans la ronde joyeuse de ces enfants à leur image, et figuraient avec eux dans le grand film ensoleillé, optimiste et païen qui se tourne l'été sur les côtes heureuses de l'Italie.

CHAPITRE IX

LE FORUM MUSSOLINI
L'ÉCOLE SUR LA PALESTRE

Le monolithe de marbre qui marque l'entrée du Forum Mussolini se mesure de loin avec celui d'Auguste et d'ailleurs le dépasse ; la grandeur romaine renaît sous le signe rajeuni de la hache et des faisceaux des licteurs.

Le forum de l'actuel César, auquel on accédera par une large voie où courront motos et autobus, dans un grand bruit de moteurs surmenés et où ils déverseront quotidiennement une foule de Balillas et d'Avantguardistes, prolonge cette Rome antique qu'on croyait si bien endormie dans les champs palatins.

Le stade allonge son ovale pur dans un paysage de verdures, d'arbres et de collines. Réservé aux campements des jeunesses fascistes en plein air, il est dominé par une école où les jeunes gens qui choisissent la carrière d'officiers attachés aux organisations juvéniles et de professeurs d'éducation physique dans les écoles secondaires du Royaume feront leur éducation.

« Ils y passeront deux années, dans une alternative harmonieuse d'heures consacrées à l'étude, aux leçons, aux exercices pratiques, au sport, à la gymnastique et aux libres sorties », m'explique le sportif et brillant chef des jeunesses fascistes, l'On. Renato Ricci, sous-secrétaire d'État à l'Éducation physique. Il porte allègrement, souplement son titre. Le regard est direct, le masque consulaire est ardent et volontaire.

Il m'explique les matières du programme : anatomie, anthropologie, physiologie, éléments de psychologie expérimentale et appliquée à l'éducation physique, psychologie de la puberté, traumatologie, thérapeutique physique, médecine de la gymnastique et du sport, législation fasciste, pédagogie, histoire de l'éducation physique, langues française et anglaise, arts militaires, notions de natation, puériculture, physiologie de la croissance, et tout cela, dit l'Excellence en souriant, « dynamiquement ».

Le ministre m'entraîne à une allure de coureur.

Nous entrons dans le bâtiment, couleur de piment mûr, qui sent la peinture et le bois comme ces décors fabriqués en vitesse dans les studios d'Hollywood.

Des salles précises, brillantes, nickelées, des laboratoires, des bibliothèques, des salles de jeux et d'anatomie à machinerie efficiente, bien huilée, silencieuse ; des piscines glauques qui se reflètent dans des verreries, des aciers ; des marbres étincelants ; des salles de clinique, de dissection, d'études ; une technique éblouissante, une féerie de rayons X, font de cette école de gymnastique un merveilleux atelier à démonter et à remonter l'homme.

Tout un peuple de professeurs et d'élèves travaille à plein pour apprendre à faire la race belle et robuste. « Dans ce réservoir d'énergie et de jeunesse, je forme les instructeurs de nos Balillas ; c'est une lourde responsabilité, car dès le moment où l'État met la main sur l'enfance, il s'engage à lui donner des maîtres irréprochables et forts. »

Nous descendons l'escalier métallique, à l'évolution hardie : nous voici au bord du stade.

Le soir tombe : les bois qui ferment l'horizon, les toits de la villa Madame se confondent en une masse bleue ; le ciel est une turquoise. Les statues géantes, dons des provinces et des villes, symboles marmoréens de l'unité italienne autour de Rome capitale, ceinturent le stade de leurs nudités théâtrales. Les parties de football sont finies ; à pas lourds, des joueurs reviennent ; d'autres sont allongés sur l'herbe drue, dans les attitudes de la fatigue et du repos. Le soleil couchant s'épand sur les visages bronzés et ruisselants, l'heure est suspendue. Le jeune capitaine de l'équipe victorieuse pose sur nous un regard dur de condottiere et nous salue à la romaine.

Un peu plus loin, des coureurs frappent le gazon de leurs pieds agiles ; ils sautent des obstacles. Jouant des bras, du buste, de la tête, ils démontrent brillamment leur légèreté. Ils atteignent dans une joie triomphante le poteau d'arrivée, ivres d'eux-mêmes, de soleil et de culture fasciste.

Des adolescents lancent le disque ; à gauche, les épées des escrimeurs scintillent éblouissantes. Le silence descend sur le stade, la paix s'étend sur lui. Nous entendons les jeunes voix des moniteurs qui ordonnent les derniers exercices ; elles se dispersent et se dissolvent dans l'espace bleu de Prusse. Quelques ombres étirées se meuvent. Les ballons ne jaillissent plus.

Un athlète marche dans le crépuscule ; il vient vers nous. Il tend et détend bras et jambes avec des gestes animaux et lassés. La vie satisfaite de l'enfance est sur lui ; quelque chose de végétal et d'humain à la fois éclaire son visage. Ses larges pieds posent bien sur la terre ; il la touche vraiment, il rejoint le génie de sa race.

Ce garçon trapu sort du quartier le plus pauvre du Transtevere. Un entraînement héréditaire à la misère a durci ses membres, a fortifié son corps sec. Il a les dents dures et longues ; c'est un vrai fils de la louve. Le terrain de jeu est pour lui un paradis où il se libère des chaînes dont le charge sa vie quotidienne et pénible au service de la machine.

« Ici se confondent toutes les classes ; le Fascisme est une synthèse ; l'adolescent vit dans la jeunesse, dans la force ; il trouve des joies salubres, une règle, et le bonheur animal de prodiguer son corps. Il coudoie dans le stade des hommes de toutes les conditions ; les enfants pauvres apprennent auprès des riches des manières, des usages dont les hautes classes ne doivent pas avoir seules le privilège. Les enfants des riches apprennent des enfants des pauvres à comprendre les privations et la souffrance ; ils apprennent à honorer la pauvreté. »

Le chef des Balillas se tait ; un de ses lieutenants m'explique le mécanisme de l'institution.

L'Académie fasciste de Rome, instituée en vertu du décret du 20 novembre 1927, inaugurée par le Duce le 5 février de l'année suivante, se propose de pourvoir à la formation des officiers affectés aux organisations de jeunesse, et à celle des professeurs d'éducation physique dans les écoles du second degré. Institut supérieur à la fois général et technique, elle ne saurait être comparée aux autres écoles normales d'éducation physique. Seule école que le Fascisme ait non point transformée, mais totalement créée, elle réalise l'idéal de l'« enseignement totalitaire » ; elle forme des « éducateurs » qui feront de l'enseignement « gymnico-sportif » un moyen de sauvegarde des plus précieuses valeurs morales. Tout, dans son activité, est à la mesure de ce désir. Son recrutement, sans cesser d'être strict, ne s'interdit pas de rester populaire. Le seul diplôme exigé est un diplôme de l'enseignement moyen du 2e degré (baccalauréat ou équivalent).

L'admission est précédée, non seulement d'une visite médicale, mais d'une enquête d'ordre moral et politique sur le candidat et sa famille ; elle devient définitive après une composition écrite sur un sujet de politique contemporaine. La durée des études est de deux ans, plus une année de stage professionnel. La pension reste modeste : 10.000 lires environ pour deux ans, avec de nombreuses exonérations (notamment pour tous les Italiens dont la famille réside en Tunisie). À l'Académie, l'élève jouit « des avantages d'un milieu cordial et élégant et de l'assurance d'une carrière fructueuse et considérée ». L'éducation physique se développe sous la surveillance d'un médecin ; presque chaque dimanche, des concours ont lieu au Forum Mussolini, sous les yeux de milliers de Balillas. L'éducation morale est à base de camaraderie et d'enthousiasme ; elle doit faire de l'élève « l'homme de Mussolini ». L'éducation intellectuelle, dispensée par des professeurs de l'Université, repose sur des études variées et nombreuses dont j'ai donné plus haut la liste.

Pourvu du diplôme de professeur d'éducation physique dans les écoles secondaires, l'élève accomplit dans les formations de jeunesse de Rome une troisième année d'exercices pratiques : il appartient désormais aux cadres de l'O.N.B. Tel est le programme de cette existence qui, « sur un rythme accéléré, se développe, du lever au coucher, suivant une formule dynamique, et s'entend à mêler l'enthousiasme, la technique et la joie ». Derrière de pareilles phrases se cache autre chose qu'une illusion de grandeur ou qu'un souci de réclame. Elles expriment vraiment, à propos d'une création purement fasciste, l'idéal — ou plutôt un idéal fasciste de l'homme.

★
★ ★

Le sport est une introduction à la vie intégrale du Fascisme ; la génération qui se lève trouve dans cette hygiène, dans cette gymnastique son idéal de vie. Elle se jette avec bonheur dans l'action. Les affaires, l'argent ne sont plus au point culminant de ses préoccupations. Elle se détache des joies incertaines de la liberté, des critiques stériles et des facilités démodées de la démocratie. Elle se fabrique en série une sérénité heureuse, une vitalité nouvelle avec garantie du gouvernement : on lui fournit de la grandeur à bon compte. Rome ne veut plus se souvenir que de Sparte.

Au son d'un chant d'enfance, de renouveau et de jeunesse qui est un commandement, la génération nouvelle entre dynamisée, survitalisée dans l'ère anonyme de la vie collective.

CHAPITRE X

ORVIETO

Des ruelles escarpées, enchevêtrées, étroites, bordées de lourdes maisons semblables à des forteresses : Orvieto. Rude, âpre et souple, elle est assise avec grâce sur une colline aux pentes molles argentées par les oliviers. D'un côté de la piazza, triste, noire, rayée de blanc, la cathédrale. Le soleil éclate sur la façade gaie du musée, la place s'élargit et se termine en terrasse bordée par l'abîme ; les longs aspects vallonnés de la campagne ombrienne « suave et austère » se perdent dans l'horizon bleu.

Un couvent désaffecté domine la ville et la plaine ; il abrite l'Académie féminine sportive, école destinée aux jeunes filles qui seront les professeurs d'éducation physique dans les écoles et les associations de « Jeunes Italiennes ».

La signorina Costa, directrice de l'École, nous attend, entourée des trois maîtresses qui l'assistent et qui assurent avec elle la vie de la maison.

Droite, sérieuse, souriant à l'espace, bien prise dans son uniforme de serge bleue, cravatée de piqué blanc, elle vient à ma rencontre : la marche est alerte, rythmée, le regard clair ; un air de vierge et de dryade. Elle me promène à travers le vaste couvent. Je vois les longs couloirs rectilignes, les dortoirs sévères, où le soleil raye de bandes vives la chaux blanche des murs nus et joue sur le métal des lits. Astiquées, vernissées, les salles de repas et de travail reluisent. Il y a partout des prises d'eau, des salles de bains, de douches, de massage, de vapeur, avec des balances, des toises, des oscillomètres, des instruments ingénieux d'hygiène et d'athlétisme, tout un luxe clinique et collectif, un bien-être sans vulgarité. Une porte s'ouvre : c'est l'infirmerie très pure, très neuve de lignes ; on se mire en passant dans les nickels. Une seule malade l'habite : cette jeune ascète du Fascisme s'est foulé le pied ; à ses côtés, une rose trop lourde trempe dans un verre devant une photo : celle du Chef.

Je l'interroge : « Je guérirai plus vite sous son regard », me dit-elle.

À pas pressés, nous continuons notre promenade ; un peu plus loin, une salle de théâtre, avec une vraie scène où on joue pour de bon et un vrai rideau, évoque tout à coup dans cette atmosphère chirurgicale et tendue à craquer l'éternelle Italie des comédies et des masques.

Nous voici dans la salle à manger. D'immenses baies l'éclairent ; un paysage précis, nuancé, aux courbes lentes, aux couleurs discrètes, entre dans la haute pièce. Un air gai, un souffle de jeunesse et de gentillesse circule sous les voûtes claires. Nous recevons en pleine figure les paroles enflammées d'un hymne à la jeunesse chanté par les voix percutantes des deux cents élèves. Les murs tremblent.

Je regarde ces jeunes filles de dix-huit à vingt ans, solides, nettes, éprises de discipline, désindividualisées : elles diffèrent incroyablement de leurs aînées. Une grâce un peu virile est sur elles. Elles sont l'effet du changement, elles ont grandi dans ce qui est, elles naissent à la vie collective, l'élan mystique prend chez elles une forme positive dans l'attraction des idées de force et de prestige. Elles vivent leur temps d'école sportivement, dynamiquement, dans une atmosphère d'hygiène, de moralité et de records.

Un ordre bref : mues par un rythme de vie enfantine et d'un seul mouvement, elles sortent de la salle. Je suis la directrice sur la terrasse qui domine le terrain de jeu : les élèves reviennent en costume de gymnastes. Maillot noir et collant, serre-tête blanc, pieds nus, elles défilent deux par deux. Elles descendent sur la palestre, groupées en deux centuries, elles évoluent dans la lumière, les jeux commencent.

Les jeunes corps drus, vivaces, épanouis courent sur l'herbe, lancent le disque, tirent à l'arc ; les gestes immémoriaux revivent. Une frise de temple antique s'anime devant moi ; les mouvements harmonieux s'achèvent dans un repos qui est une mélodie.

L'équipe remonte ; les corps sont patinés par le grand soleil.

Ces filles sont sœurs des arbres, des plantes : elles tiennent au sol par les racines ; elles sont hardies, résolues, frugales. Indifférentes aux fards, aux bas de soie, aux complications sentimentales, elles dédaignent « même le cinéma », me dit la *Signorina* P... Modestes, nettes comme des épées, leur vie de plein air leur donne l'horreur de l'artifice.

Presque toutes, cependant, sont belles. N'est-ce pas d'ailleurs le désir du Chef, comme il me le disait hier encore, que d'embellir la race, tout en la fortifiant et en l'assainissant ?

On l'a trop représenté comme un homme uniquement concentré sur le sérieux de son œuvre, dédaigneux des grâces faciles et fugitives : il reste au contraire, dans ce domaine comme dans tous les autres, profondément humain ; et il sait, aux minutes de loisir où sa figure obstinée se détend en un sourire heureux, parler de la femme, de sa séduction, de son éternelle mission de charme et de beauté, avec les accents les plus authentiquement latins.

Le spectacle change : les gymnastes chantent, miment et dansent de vives rondes populaires. Les voix vertes s'élèvent une à une ; j'admire les mouvements justes des corps en fleur qui semblent suivre les mesures brillantes d'un orchestre invisible, j'écoute la chanson « pour rire et pour pleurer », nostalgique, méditerranéenne, « *la canzone d'amore, di vita e di morte* » ; la chanson perpétuelle se mêle aux profondeurs bleues du temps, elle ne fait plus qu'une avec la douceur du jour.

Enfantines, sérieuses, religieuses, les demoiselles d'Orvieto font dans cette palestre, à l'ombre des murs du cloître, le même acte d'offrande et de foi que les moniales qui vécurent avant elles sur cette colline franciscaine. Elles y mènent une vie aussi sage et, lorsqu'au bout de deux années, leurs travaux et leurs jeux terminés, elles entreront dans les ordres sportifs du Fascisme, elles apporteront dans les écoles, dans les maisons de Balillas qui poussent partout sur le sol dru de la nouvelle Italie, le don joyeux d'elles-mêmes ; elles feront fleurir autour d'elles une vie simple, courageuse et salubre.

CHAPITRE XI

LES PLAISIRS ET LES JEUX
CROISIÈRES ET VOYAGES

L'On. Ricci, Proconsul des jeunesses fascistes, m'a montré ce matin toute une imagerie colorée et gaie, qui illustre naïvement l'effort sérieux consacré par l'O.N.B. aux plaisirs et aux jeux de l'adolescence. Albums de voyage et de camping, calendriers sportifs voisinent avec les tableaux éducatifs, les photos de ces écoles de Balillas et d'Avanguardistes marins, où l'on apprend comme un jeu le canotage, la natation, la navigation à voile et le pilotage : pépinière de matelots futurs où l'on n'oublie même pas les exercices d'artillerie en miniature. Puis ce sont les programmes des cours préparatoires d'aviation et de vol à voile ; les palmarès et les photos des lauréats des compétitions sportives et des concours de travaux d'art ; des vues des écoles professionnelles et d'artisanat ; des images où l'on voit Mussolini lui-même remettre leurs lauriers aux vainqueurs du front de l'instruction et des arts populaires...

D'autres brochures racontent avec lyrisme les croisières du *Cesare Battisti*, le grand navire Balilla qui promène chaque année sur les mers latines une cargaison bruyante d'Avantguardistes. Puis ce sont les récits illustrés des voyages terrestres, de ce premier contact pris en Allemagne avec les jeunesses hitlériennes « qui, dans quelques mois, et sans se mettre en frais d'imagination, me dit le ministre avec une pointe d'orgueil amusé, seront enrôlées et organisées à l'image exacte des nôtres ».

Ces tracts gentiment doctrinaires nous rendent bien la vie aérée de cette jeunesse. Au-dessous de la propagande éphémère, on touche très vite la réalité pittoresque de ces expéditions vivifiantes qui rompent si heureusement la monotonie des travaux et des jours de l'enfance.

Voici quelques extraits de cette encyclopédie en couleurs :

« Trois ambassades de *Giovinezza*, dit le programme de l'O.N.B., porteront à cinq nations amies de l'Europe centrale et du Proche-Orient l'enthousiasme et le sourire clair des générations nouvelles de l'Italie, grandies dans l'atmosphère chaude du Fascisme, encadrées et disciplinées par l'O.N.B. »

La croisière orientale est racontée sur un mode vainqueur et allègre, à grand renfort de citations classiques. Le *Cesare Battisti* a promené cette saison « *sul mare nostro* », dans un itinéraire de rêve, 800 Avantguardistes. Ces jeunes gens ont sillonné la mer céruléenne ; les pilotes du navire leur ont inculqué le sens de l'eau et appris à y voir leur avenir : « Nous sommes méditerranéens, et, sans que nous ayons à copier personne, notre destinée a été et elle sera toujours sur la mer. »

Ils ont vu se coucher le soleil sur Athènes toute en pureté et en sécheresse de lignes. Nouvelle prière sur l'Acropole, ils ont récité les évangiles mussoliniens devant les colonnes du Parthénon, au nez étonné des evzones en fustanelle. « La jeunesse est belle, car elle regarde bien en face de ses yeux clairs le vaste et tumultueux panorama du monde ; elle est belle, car elle a le cœur intrépide qui ne craint pas la mort... Jeunes Avantguardistes, vous êtes l'aurore de la vie, vous êtes l'espérance de la Patrie, vous êtes surtout l'armée de demain... »

Ils ont chanté *Giovinezza* sur les deux rives du Bosphore. Ils ont flâné dans les ruelles du Grand Bazar où dans le bric-à-brac des sombres boutiques s'allument l'éclat fugitif d'un cuivre ou les couleurs chaudes d'un tapis. Ils ont connu les forêts d'orangers et de myrtes de Rhodes l'« italianissime ».

Puis, un beau matin de l'automne commençant, tout émerveillés de ces premières conversations avec l'univers, ils ont débarqué sur les quais de Naples, enivrés de ce périple où ils ont retrouvé à chaque escale « les traces du vol immense des aigles romaines ».

Je feuillette encore ; je tombe sur un horaire de la vie du bord : Réveil à 7 heures. Douche. À 8 heures, le salut aux couleurs. 8 h 30, déjeuner ; puis la messe dite par l'aumônier sur la dunette. Une heure d'instruction. À 11 heures, les roulements des tambours annoncent le déjeuner. L'après-midi, de 3 à 5, exercices et gymnastique. À 7 heures, le dîner ; le salut aux couleurs qui descendent avec le soleil, et la journée s'achève par la récitation de la prière de l'Avantguardiste sur la mer : « Vers Toi, Dieu éternel et tout-puissant, Seigneur du Ciel et de l'abîme ; vers Toi à qui obéissent les vents et les flots, nous, Avantguardistes d'Italie assemblés sur cette nef sacrée de la Patrie armée, nous élevons nos cœurs. Sauve et exalte en sa foi notre Nation ; exalte et sauve Roi et Duce ; donne une juste gloire à nos drapeaux. Ordonne que les tempêtes et les flots leur soient soumis ; fais que des poitrines d'acier, plus fortes encore que celui qui entoure ce navire, les entourent et les défendent ; donne-leur toujours la victoire. Bénis, ô Seigneur, nos lointaines demeures, nos familles aimées. Bénis dans la nuit tombante le repos du peuple. Bénis-nous qui sommes venus retremper nos forces et notre esprit sur la mer... »

Et voici un fragment du journal de bord d'un Avantguardiste :

« Navigation idéale ; mer d'huile... Ceci est très important ; je ne voudrais pas donner un triste spectacle de ma personne. Il est déjà 11 heures ; quand donc la bienheureuse cloche du déjeuner sonnera-t-elle ? J'aime grimper aux cordages ; c'est un exercice qui me fait du bien aux muscles... C'est comme cela que j'ai été le premier à découvrir les côtes de la Grèce. J'ai fait comme Christophe Colomb : j'ai hurlé : "*Terra !... Terra !...*"

« 14 heures. — Deux dauphins à bâbord ; le spectacle est amusant. Ils font de grandissimes cabrioles ; on a envie de les applaudir.

« 17 heures. — C'est une grande chose que de voyager. Depuis mon départ, mon père a pour moi une certaine considération, lui qui n'a jamais bougé. Bientôt ce sera l'heure de monter sur l'Acropole. Si je rencontre Périclès, qui m'a tant fait peiner, je lui dirai deux mots de ma façon... »

★
★ ★

Avec les voyages en Allemagne et en Hongrie, le tourisme culturel de la jeune Italie a connu aussi cette année un éclatant succès.

S. E. Ricci a conduit lui-même en Allemagne 500 Avant-guardistes. Ils ont débarqué le 26 juillet à Munich au milieu des acclamations et au son des musiques hitlériennes. Le « Führer » était venu exprès de Bayreuth pour accueillir les chemises noires. Il les a copieusement saluées et haranguées : « Comme nazis et comme fascistes allemands, leur a-t-il dit, nous saluons la jeunesse du pays dont les idées sont les plus proches des nôtres. En voyageant à travers l'Allemagne, vous y verrez que notre mouvement s'efforce de faire d'elle exactement ce que votre grand Führer Mussolini a fait de l'Italie. J'espère que beaucoup de fascistes italiens vous suivront, de façon à rendre toujours plus étroits les liens entre nos deux pays, à en faire non plus des liens diplomatiques, mais des liens vivants qui unissent nos deux jeunesses. *Heil Mussolini !...* »

Le voyage s'est poursuivi à travers l'Allemagne hitlérienne dans un accompagnement de musiques noires et brunes. Arrêts à Dresde, Merseburg, Leipzig... Dans Berlin, longs défilés brou de noix, sous les tilleuls vert sale, d'Hitler-Mädchen aux grands pieds, aux joues honnêtes sans poudre et sans fards ; parades aryennes et blondes ; cortèges de petits Prussiens binoclés sous un ciel lui-même menaçant. Impressions collectives, visions d'êtres uniques... Hitler « *da capo* » flanqué cette fois de Goebbels et de Goering. À Postdam, un fils vivant du Kaiser, August-Wilhelm, costumé en nazi, leur montre les palais désaffectés. Hambourg leur offre ses forêts de mâts, ses brumes que troue l'appel des remorqueurs, les fauves d'Hagenbeck et les petits pains au cumin. Francfort vidée de ses Juifs les reçoit plus modestement. Enfin, le 9 août, ils passent le Rhin à Mayence et prennent congé du national-socialisme. À Bolzano, ville reconquise sur les Allemagnes, les centuries lassées se dissoudront dans un grand fracas juvénile et fasciste.

Une autre caravane est allée en Hongrie ; elle a rendu visite en passant à l'apprenti dictateur Gömbös ; elle a fait un crochet pour défiler à Gödöllő devant S.A.S. l'Amiral-Régent du Royaume. Puis, après avoir exploré Budapest et la « *puzta* » locale, elle est venue à l'ombre des forêts jaunes transylvaines assister au « *jamboree* », campement mondial des boy-scouts. Fièrement, les « *ragazzi* » de Mussolini ont défilé sous les yeux critiques de 40.000 scouts internationaux ; puis ils sont allés planter sur les bords du lac Balaton les flammes blanches de leurs étendards. Le 11 août, les jeunes commis voyageurs du Fascisme réintégraient bruyamment la « *Madre Italia* ».

Ces premiers pas sur les chemins du monde donnent au jeune citoyen fasciste le sens de la Terre et la curiosité des climats, des idées et des patries européennes ; ils atténuent ce que l'éducation en vase clos de la métropole peut avoir de trop étroitement chauvin. Ces promenades collectives et surveillées à travers des pays qui demandent plus ou moins à Rome des conseils, une doctrine ou un système, confirment le jeune Italien dans un sentiment violent et confortable de sa propre supériorité, élargissent son nationalisme jusqu'à lui faire embrasser les jeunesses prolétariennes des autres patries, le pénétrant de la justesse de sa vérité, lui inculquent une fierté de peuple élu.[2]

---

[2] Les Avantguardistes participant à ces voyages devaient contribuer aux dépenses pour la somme forfaitaire de 500 lires (croisière orientale) ou 400 lires (voyages en Allemagne ou Hongrie). Mais seuls payaient ceux qui en avaient les moyens ; pour les autres, ces frais, d'ailleurs minimes, étaient supportés par les collectivités, les écoles ou des initiatives privées, à titre de récompense aux meilleurs sujets.

★
★ ★

L'Agence Cook perfectionnée et politique que dirige le chef de l'O.N.B. ne se contente pas de ces voyages de propagande extérieure.

Durant tout l'été, elle essaime Balillas et Avantguardistes sur les routes chaudes de l'Italie, et chaque dimanche s'échangent de ville à ville les cortèges familiers des jeunes touristes en uniforme qui répandent à travers rues et musées leur pétulante gaieté.

Mais surtout le temps des vacances voit fleurir sur les campagnes les tentes innombrables d'un immense « camping ».

Pour réaliser un de ses buts primordiaux, l'alliance de la culture corporelle et de l'éducation militaire, l'O.N.B. fonde en effet de grands espoirs sur « la dure, la jeune vie des camps ». Pour leur création et leur organisation, à laquelle ne pouvaient suffire les crédits officiels, elle a sollicité et obtenu sans peine l'aide des collectivités (commerciales, industrielles, culturelles, associations diverses dont celle du *Dopolavoro*). C'est dire que leur répartition entre les provinces n'est point régulière, ni leur ampleur constante, ni leur programme uniforme. Mais leur activité n'en est point pour cela livrée à la fantaisie et à l'improvisation. Des cours spéciaux de « *campeggio* » existent déjà dans les écoles normales d'éducation physique, et des règles figurent en bonne place dans les manuels de Balillas qui définissent dans son esprit et dans sa pratique le camping fasciste.

Sa vie emprunte à l'armée ses formes extérieures et doit fournir aux participants l'occasion de compléter leurs connaissances militaires en même temps qu'elle fortifie leurs poumons et leurs muscles. Mais elle vise surtout à les initier aux nécessités de la vie collective : tous les services généraux, la garde, le ravitaillement, l'élaboration même de l'emploi du temps, sont confiés aux jeunes gens eux-mêmes ; leurs aînés ne figurent parmi eux que comme des techniciens de l'art militaire ou corporel, ou comme des camarades plus âgés à qui l'on peut demander des suggestions ou des conseils, non un secours ou des ordres. Vie collective : vie intégrale. L'existence, au camp, ne néglige aucun mode, n'exclut aucune joie de la culture ou de l'action : la musique, la discussion, l'étude y ont leur place.

S'il fallait reconstituer, dans sa réalité oxygénée et pittoresque, la vie des Balillas au camp, on en demanderait des images à la brochure luxueuse consacrée au « *Campo Dux* », et dont le style, la typographie et les arguments photographiques illustrent abondamment l'idéal fasciste du camping. Aussi bien, une bruyante réclame a fait acquérir à ce camp modèle une valeur d'exemple et l'on peut découvrir en lui, préformée, la formule de tous les camps de l'avenir.

Il s'étage sur la zone périphérique des Parioli, dans la banlieue romaine ; et pour la cinquième fois, cette année, on a vu le terrain qui s'étend entre la boucle du Tibre et les hauteurs de la Villa Glori se couvrir de tentes et s'animer du mouvement de 50.000 Avantguardistes. L'entrée est menaçante : un gigantesque char d'assaut — en carton-pâte — sert de portique ; grimpés au sommet, deux jeunes miliciens hiératiques y montent leur garde armée. À l'intérieur, tout s'ordonne, se détend et s'égaie : les groupes de tentes, immenses rectangles de toile écrue, forment un fer à cheval qui entoure les postes de commandement, d'incendie et de secours. Sur les terrains voisins de sports et de jeux, les escouades se succèdent selon le rythme établi par l'ordre du jour. Sous l'abri reposant des tentes, phonographes, appareils de T.S.F. sont en action et ponctuent le silence.

Pour ceux des Avantguardistes qui préfèrent la promenade, le choix s'offre entre les rives voisines du Tibre et les rues de Rome, où ils peuvent circuler librement — gratuitement aussi — au hasard des autobus et des tramways. Ils prendront part à des visites collectives soigneusement réglées ; ils verront, au gré de leurs curiosités et de leurs goûts, les jardins et les fontaines, les musées, les casernes et les ruines. Comme dans tout voyage organisé par une bonne agence, une visite au pape est de rigueur, et le Saint-Père les bénira dans Saint-Pierre. La grandeur pontificale s'imposera à eux sous les espèces du Fascisme...

Cette année, les petits Juifs ont demandé à voir le « *Pontifex Maximus* », et leur requête a été agréée. D'ailleurs, Balillas et Avanguardistes israélites sont bien soignés par l'O.N.B. qui ignore le préjugé racial et ne demande qu'une âme italienne. Les aumôniers catholiques du camp ont même reçu l'ordre de faciliter l'exercice de leur religion aux descendants de ces Juifs de Palestine « dont une petite secte devint à Rome l'universalité catholique ».

De retour au camp, les jeunes promeneurs assisteront à des séances cinématographiques où les films de propagande ne manqueront pas ; ils prendront part à des concerts vocaux. Et ainsi passeront les jours et les semaines, dans les défilés, les chants et la religion de l'action.

Sous la sombre verdure, accumulée par le temps, de la pinède « Sachetti » est installé depuis octobre dernier le camp plus austère des « *Giovani Fascisti* » : attraction dominicale gratuite pour les promeneurs romains et où, de 6 heures du matin à 9 heures du soir, les exercices se mêlent aux leçons et le chant au maniement d'armes.

Les voix juvéniles y égrènent à l'ombre chaude des pins le répertoire vocal Balilla. Un héroïsme sentimental et gentil s'y exagère dans les refrains à succès de l'été XII ; j'aimais assez celui-ci :

Pour ta grandeur nouvelle,
Cette heureuse jeunesse saurait s'immoler sans un cri,
O Patria bella come un primo amore...

Puis un autre chant plus grave et moins facile faisait résonner sous le ciel romain les vieilles syllabes d'un latin naïf :

O Roma nobilis Orbis et Domina,
Cunctarum urbium excellentissima,
Rosæ et Martyrum sanguine rubea,
Albis et Liliis Virginum candida,

Salutem dicimus tibi per omnia
Te benedicimus. Salve per sæcula.

Les voix de la jeune Italie de 1933 retrouvaient la chanson fervente par laquelle les pèlerins, les « *romeï* » venus de toutes les parties du monde médiéval saluaient Rome éternelle et universelle...

★
★★

Au retour des croisières, au sortir des camps, une certitude absolue illumine le jeune Avantguardiste. Encore tout étonnés de la renaissance rapide de leur pays, ces jeunes hommes bien portants et « bien pensants » ont conscience de participer à l'effort de la Nation et de jouer un rôle important dans cette aventure révolutionnaire et nietzschéenne. Ce qui apparaît encore aux générations précédentes comme un système arbitraire, comme une position intellectuelle et doctrinaire, représente pour eux la vie même. Ils sacrifient volontiers cette liberté individuelle qu'ils n'ont pas connue ; la feuille de route que leur délivre le Parti leur suffit pour aujourd'hui et pour demain. Fascinés par la technique brillante qui équipe, à vive allure, en nation « modernissime » la vieille Italie nonchalante des poètes, des prêtres et des couples en rupture de ban, ces enfants du peuple au cœur simple participent joyeusement à l'avènement d'un monde nouveau. Détournés des biens matériels, ils soumettent aux disciplines spirituelles et scientifiques, ils ordonnent aux rigueurs de la vie militaire et sportive leur fanatisme, leur goût de l'aventure, leur passion du risque... Ils pratiquent largement les jeux des muscles dans le cadre de l'intelligence dirigée... La palestre l'emporte sur la chaire...

CHAPITRE XII

LE DÉFILÉ SUR LA PLACE
LA RELIGION DE L'EXALTATION

Sur la place, les drapeaux claquent au soleil ; une large bannière porte noir sur blanc, péremptoires, les paroles consacrées où s'exalte la mystique dirigée de tout un peuple :

« Au nom de Dieu et de l'Italie, je jure d'exécuter les ordres du Duce et de servir avec toutes mes forces, et si cela est nécessaire avec mon sang, la cause de la Révolution fasciste. »

Sur un pylône schématique, gris d'acier, une plate-forme de commandement : un faisceau rayonne très haut comme une étoile, au-dessus des cimes des pins et des cyprès. Soudain des cris « *a noi* » roulent. Le Chef arrive ; il monte sur la passerelle ; les enfants mécanisés regardent parler au peuple ce masque mobile et romain. Le chant inévitable de *Giovinezza* explose : métallisé, percutant, acide, il vibre dans la lumière.

« *Attenti !* » Le commandement bref siffle à mes oreilles. Puis le spectacle commence. Les files s'allongent ; sur les visages, une innocence invincible, une foi imprenable sont peintes.

Infaillible, précis, l'exercice gymnastique se déroule. Le génie décoratif italien se révèle. Une foule nombreuse et débonnaire admire ces jeux gratuits inventés par le Fascisme, quelques miliciens la contiennent aisément. Ce service d'ordre est souple et gentil. Le ballet éclatant, fourmillant et sévère se déploie dans le décor latin.

Du haut de la passerelle volontaire, quelques paroles tombent. Un paradis s'entr'ouvre à l'ombre des faisceaux ; on attend un miracle ; c'est déjà la légende. La foi des foules qui à Assise tombent à genoux devant l'ostensoir d'or dans l'église surbaissée, la foi des cortèges révolutionnaires qui, dans Moscou, marchent vers la boîte de cristal où dort Lénine, est sur cette place ce matin avec son ordre militant et son Dieu. Il y a quelque chose d'oppressant et d'attirant dans cette parade spartiate retapée au goût du Régime.

Je regarde les rangées d'enfants en uniforme. Vivaces, turbulents, assujettis, ces animaux humains s'offrent avec passion aux statistiques, aux mensurations, aux horaires ; leurs mouvements sont ordonnés, standardisés ; les reprises de l'instinct sont de plus en plus faibles. L'école, la palestre, le stade sont des instruments de coordination, d'exaltation et de plaisir ; les marches, les cérémonies et les jeux fixent les moments de la vie collective.

On s'éloigne de l'âge où la liberté dominait ; les volontés se détendent. La diversité de la vie est réduite, son inquiétude amoindrie, son fonctionnement amélioré ; elle devient machinale, salubre et sûre. Cette jeunesse se sent moins libre, mais plus aidée ; elle sait qu'elle fera son temps de vie dans un système autoritaire, solide et géométrique. L'ordre ne lui pèse plus : « Plus de dix années sans grèves », me disait hier un Florentin. Ce monde maté, dressé, organisé lui semble plus naturel que la nature ; les idées de force, de hiérarchie, de justice se cristallisent dans les esprits, la figure morale du Fascisme est fixée.

Une religion d'État, où l'État lui-même est Dieu, un idéal héroïque, l'amour du pays, l'exaltation des vertus passionnelles, le sens de l'eau et de la terre, de l'aventure et du risque en définissent les traits. « Ni honneurs, ni gains, ni charges, mais le devoir et le combat » : une atmosphère explosive de luttes et de records, un peu de pain, des lois dures, des spectacles et le bonheur de confection promis par le gouvernement aux enfants sages.

C'est la fin de la parade : un peu démesurée pour nos goûts, offrant cet excès dans la grandeur et cette beauté trop soulignée propres aux œuvres des dictatures. Rien d'asservi ni de contraint ne se lit sur les visages qui appartiennent à ces corps bien dressés ; mais le plus réel, le plus voyant enthousiasme...

Engrenée sur le réel, entraînée, encadrée, surchauffée, cette jeunesse renonce aisément aux plaisirs incertains et démodés de la liberté, article de luxe pour périodes prospères et pour républiques transalpines. Elle liquide allègrement les mythes bon marché du bonheur et du progrès indéfini ; elle affirme l'inégalité irrémédiable et bienfaisante des hommes. Protégée par un État au visage juvénile contre le saturnisme des générations nanties, soignée, améliorée, sélectionnée comme dans un haras humain, tout lui paraît juste, évident et facile. Elle jouit avec passion de l'aurore de la vie et du Régime, des exaltations et des aventures qui jalonnent la voie à sens unique du Fascisme. Un chef se penche sur elle : elle se sent aimée, privilégiée.

Je regarde passer dans la lumière ambrée et fine de ce matin d'octobre Balillas et Avantguardistes. Forts, bien astiqués, bien balancés, bien lavés, bien dressés, ils sont beaux à voir. Et je me souviens des paroles nietzschéennes : « Peut-être le monde ne justifiera-t-il un jour son existence que comme phénomène esthétique. »

La jeunesse fasciste ne serait-elle pas le phénomène esthétique qui justifie le fait Mussolini ?

★
★ ★

... Voici qu'à nouveau défile au long des routes, dans l'automne finissant, la douceur des paysages d'Italie. Ombrie, Toscane, Ligurie : les vieux noms des provinces me parlent encore, sur le chemin du retour, de grandeur romaine...

Mon beau voyage touche à sa fin ; bientôt je retrouverai les appréhensions, les conformismes prudents, les parcimonies, la religion de la Raison raisonnante ; mais aussi les mesures, les solides vertus humaines, le culte individuel et nuancé de la liberté qui composent à la France d'aujourd'hui, dans un monde avide de solutions hardies et de dimensions neuves, le visage un peu fané d'une trop sage Minerve.

C'est dans cette atmosphère française de pondération et d'équilibre que vont s'ordonner mes souvenirs italiens ; et déjà je sens qu'il me faudra rompre le charme singulier qu'emprunte aux hommes, aux lieux et aux circonstances, l'expérience qui se poursuit dans l'Italie d'aujourd'hui.

Cette expérience n'a pas seulement la grandeur d'un des essais les plus hardis et les plus violemment humains qu'on ait tentés sur la race ; elle ne se pare pas seulement du prestige d'une volonté unique unanimement obéie : elle se joue aussi dans un des plus beaux décors qu'ait créés sur la terre l'alliance heureuse de la nature et de l'art.

Comment un esprit féminin et sensible ne se laisserait-il pas envelopper par cette atmosphère un peu grisante d'une Renaissance nouvelle ?... au point d'en avoir scrupule, comme d'une atteinte à une œuvre d'art, à évoquer la mise en scène et l'envers du décor ; à rappeler les voix enchaînées et la destruction de l'esprit critique ; et que derrière l'horizon, en Italie comme ailleurs, restent menaçants les nuages de la détresse financière, du chômage et des crises économiques.

Mais ces appréhensions ne troublent guère ce peuple uni et confiant qui tend les bras vers les architectures enchantées que bâtissent les mirages sur l'or des sables ; et nul ne les connaît parmi cette jeunesse que nous avons saisie dans sa fièvre, son enthousiasme, son avidité de servir, dans son culte passionné de l'exaltation.

★
★ ★

L'exaltation but et moyen ; l'exaltation se nourrissant d'elle-même ; n'est-ce pas là peut-être la fêlure dans l'édifice harmonieux où les enfants d'Italie apprennent à vivre ?...

Tout un peuple entre dans l'existence sous le signe de la grandeur italienne, dont chaque jour lui apporte une manifestation nouvelle, parée des coquetteries que déploie dans ce pays privilégié une technique moderne et hardie maniée par des ingénieurs qui ne cessent pas d'être aussi des artistes.

Cette grandeur dont on lui enseigne à être l'esclave, elle l'incarne dans un homme, et à travers lui dans l'État dont il ne veut être que le symbole tangible : et c'est à vrai dire la religion de l'État dont on envoûte ces jeunes cerveaux dès qu'ils peuvent penser.

Religion âpre, exclusive, qui prétend suffire à tous les besoins de ses fidèles ; religion qui renie non seulement le scepticisme, mais aussi la tiédeur. Établie volontairement sur le plan d'un mysticisme exalté, par la tension des facultés humaines dans une atmosphère de serre chaude, elle demande, elle requiert, dans ce pays amoureux des symboles, l'enchantement des perpétuels miracles.

Seront-ils toujours possibles ?... Certes, la conception de l'État-Dieu semble pour longtemps solidement établie ; et maintenant que le Fascisme a créé ses cadres et éliminé quelques éléments impurs du début, on peut croire que des mains capables seront toujours prêtes à saisir le flambeau et à garder la flamme intacte, même si elle doit briller d'un moindre éclat.

Certes aussi, les œuvres de paix au moyen desquelles les grands-prêtres de la religion nouvelle fabriquent pour la nourriture des fidèles le prodige quotidien suffiront longtemps encore à apaiser leur avidité de servir et de croire : « Mon plan exige encore cinquante ans, me disait Mussolini ; et d'ici là, je sais quel fruit portera chaque année... »

Un jour viendra pourtant où l'œuvre sera terminée ; à supposer même qu'elle n'ait pas été entravée plus tôt par les circonstances adverses. Les créateurs pourront alors se reposer dans la contemplation d'une Italie couverte de routes et d'usines, aux ports remplis de navires, où chaque pouce du sol fera germer son épi... Mais ce repos dans la prospérité contentera-t-il une jeunesse ardente, intoxiquée du besoin d'admirer et de travailler dans le grand ?

En d'autres pays, l'on pourrait craindre alors que ces énergies sans emploi et déjà enrégimentées ne subissent l'attrait des expériences guerrières et de la gloire militaire ; mais le patriotisme fasciste, s'il forge des armes et s'entraîne à s'en servir, répugne au pur esprit de conquête et à compromettre dans l'aventure la grandeur de l'œuvre entreprise : c'est dans le cadre d'une paix nécessaire qu'il rêve l'épanouissement de l'Italie nouvelle.

Comment calmer dès lors ces appétits passionnés ?

On ne peut d'ailleurs les apaiser par de banales nourritures et ce n'est pas seulement dans la quantité, mais aussi dans la qualité que s'exerce le régime de suralimentation morale qui constitue le plus clair de la pédagogie fasciste. Elle prend un être à l'aurore de sa vie et sans trêve cherche à isoler et à cristalliser en lui, pour les unir en faisceau, les qualités les plus hautes ; elle lui apprend à les utiliser toujours d'une façon totale, elle l'amène à ne se satisfaire que de la plénitude des désirs et des ambitions... Et sans doute ne les dirige-t-elle que vers le bien unique de l'État-Dieu ; sans doute ne prétend-elle faire de ces enfants exaltés que les serviteurs anonymes de la collectivité ; mais comment, dans cette éducation de hauts plateaux, ne prendraient-ils pas en même temps pleine conscience de leur valeur et de leur personnalité ?

Curieux paradoxe en vérité que celui auquel risque ainsi d'aboutir le Régime : il requiert dès l'âge d'homme le sacrifice, le dévouement et l'abnégation totale à la cause commune ; mais dans l'atmosphère à haute tension de ses écoles et de ses stades où règnent toutes les formes de l'émulation, il produit aussi la connaissance profonde du MOI, la tension des orgueils enfantins, l'ardent besoin de se distinguer. Il proscrit l'individualisme, mais il crée des individus ; la religion collective se colore d'esprit nietzschéen ; elle fabrique en série, mais sur un moule de surhomme...

Or aucun pays n'a beaucoup de places à offrir à des surhommes ; et l'Italie elle-même en aura de moins en moins à mesure que progressera l'œuvre de reconstruction, et que dans tous les domaines s'éclairciront les chantiers et tomberont les échafaudages.

★
★★

N'est-ce pas la menace de l'apparition, après tant d'autres, d'une nouvelle catégorie de chômeurs, les chômeurs de l'exaltation et du mysticisme ?...

Ceux-là, aucune « *dole* » matérielle ne pourra les satisfaire. Un dieu moderne, réaliste, paré de tous les prestiges, confirmé par toutes les réussites, leur a mis au cœur le désir passionné de servir. Pour beaucoup il s'y mêle, qu'ils en aient ou non conscience, le besoin des réalisations ambitieuses. Se contenteront-ils, eux qu'on forgeait pour de grands destins, d'être d'humbles desservants du nouveau culte ?... Ou plutôt, déçus, désillusionnés, et d'autant plus que leur foi était plus grande et plus grande leur confiance en leurs propres forces ; ne trouvant plus devant les anciens autels le même réconfort que leurs pères, et les mêmes conseils de vie résignée ; entraînés au contraire à vivre au-dessus d'eux-mêmes et d'avance insurgés contre la monotonie des labeurs quotidiens, ne vont-ils pas un jour, héros déclassés, se tourner vers d'autres dieux ?

... À moins que par une cruelle revanche de cet individualisme que l'on prétendait abattre et que l'on n'a fait que renforcer, ils ne se réfugient dans un culte exclusif du moi, dans un « barrésisme » stérile, séduisant passe-temps d'intellectuels en mal de raffinement, mais dangereux poison pour un peuple intoxiqué de grands désirs...

L'éducation fasciste porterait ainsi, dans l'excès même de ses vertus, son propre danger.

Réserve qu'il m'en coûte de formuler à l'heure où je quitte ce pays débordant d'élan unanime, tout bruissant du bruit des métiers...

Dans cette journée du 28 octobre, qui commémore le onzième anniversaire de la Marche sur Rome, un peuple se recueille à la voix de son Chef ; il regarde le chemin parcouru ; il s'enivre des chiffres et des statistiques que lui clame une publicité formidable et qui lui disent, en même temps que l'ascension glorieuse de ces onze années, toutes les promesses du proche avenir. Dans toutes les villes d'Italie, du haut des tribunes, on inaugure, on consacre, on met en chantier. À Rome, entre deux haies que forment tous les médaillés du Royaume, le Roi, parti à cheval du Colisée, ouvre à travers l'Arc de Constantin la nouvelle Voie des Triomphes. Comment douteraient-ils, ces jeunes cortèges qui défilent en chantant ?... Comment ne seraient-ils pas toute foi, toute confiance, et tout espoir ?...

Comprendre et partager ces espoirs, ce n'est pas faire un acte de foi politique ; ce n'est pas vouloir comparer ni conclure ; c'est voir impartialement en l'Italie d'aujourd'hui le pays qui, dans la tension de toutes ses ressources, de toutes ses forces et de tout son amour, a su trouver une solution neuve au problème éternel de la protection de la mère et de l'enfant et du développement des jeunes forces vives...

C'est aussi se ranger parmi ceux-là qui, dans un monde désemparé et à la recherche d'une échelle de valeurs nouvelle, peuvent encore sentir la beauté d'une grande idée, l'attrait d'une volonté sûre d'elle-même, et la séduction des beaux risques...

FIN

TABLE DES MATIÈRES

Autres ouvrages sur le fascisme italien parus
aux éditions Reconquista Press :

• *Histoire du mouvement fasciste* de Gioacchino VOLPE (préface de Vincent VAUCLIN, postface de Massimo MAGLIARO), 2019.
• *Le Fascisme et les Catholiques* de Piero MISCIATTELLI (postface de Joseph MÉREL), 2018.
• *Reflets de l'âme fasciste* d'Augusto TURATI (préface de Benito MUSSOLINI, postface de Gabriele ADINOLFI), 2019.